《资本论》研究丛书
主编 陈 征 李建平

Das Kapital

社会主义城市地租研究（第二版）

陈 征 著

海峡出版发行集团 THE STRAITS PUBLISHING & DISTRIBUTING GROUP | 福建人民出版社 FUJIAN PEOPLE'S PUBLISHING HOUSE

图书在版编目（CIP）数据

社会主义城市地租研究 / 陈征著．—2 版．—福州：福建人民出版社，2017.9

（《资本论》研究丛书 / 陈征，李建平主编）

ISBN 978-7-211-07760-1

Ⅰ.①社…　Ⅱ.①陈…　Ⅲ.①社会主义经济—城市—地租—研究　Ⅳ.①F293.2

中国版本图书馆 CIP 数据核字（2017）第 222959 号

社会主义城市地租研究（第二版）

SHEHUIZHUYI CHENGSHI DIZU YANJIU

著　　者：陈　征

责任编辑：陈斯敏　张　宁

出版发行：海峡出版发行集团

福建人民出版社　　**电　　话**：0591-87533169(发行部)

网　　址：http://www.fjpph.com　　**电子邮箱**：fjpph7211@126.com

地　　址：福州市东水路 76 号　　**邮政编码**：350001

经　　销：福建新华发行（集团）有限责任公司

印　　刷：福州德安彩色印刷有限公司

开　　本：720 毫米×1000 毫米　1/16

印　　张：11.25

字　　数：159 千字

版　　次：2017 年 9 月第 2 版　2017 年 9 月第 1 次印刷

书　　号：ISBN 978-7-211-07760-1

定　　价：39.80 元

本书如有印装质量问题，影响阅读，请直接向承印厂调换

再版后记

斗转星移，暑去寒来，"社会主义城市地租"于1997年出版以来，到今年、2017年已整整二十个年头了，马克思主义在中国广泛传播和发展，我国已由世界第二大国发展成为世界第二强国。为了推进马克思主义的运用和发展，福建人民出版社决定再度出版"资本论研究丛书"，并将"社会主义城市地租"作为丛书第三种再版发行。这对于推进马克思主义的学习、传播和运用将起着重大作用。我今已年已九十老病缠身，只能勉力稍加修订，并请孙晓军同志帮助查找修改有关出处等具体工作。错误之处，敬请有关专家、读者批评指正。

陈征 2017年1月19日于资红书屋

总　　序

《资本论》是马克思倾其毕生心血写就的政治经济学鸿篇巨制。《资本论》第一卷德文版从 1867 年问世至今，已整整 150 周年，它的理论价值和实践意义，不仅没有随着时间的流逝而消退，而是愈发流光溢彩、历久弥新。

在人类历史上，还从来没有一本著作像《资本论》一样，从它诞生之日起就遭遇歌颂与攻击如此激烈的双重命运：工人阶级视之为“圣经”，资产阶级则把它看作洪水猛兽。究其原因，正在于它对资本主义经济运动规律和历史趋势的深刻揭示，从而对社会的发展和人类的命运产生了深刻而持久的影响。《资本论》运用唯物主义历史观和辩证方法，深入剖析“资本主义生产方式以及和它相适应的生产关系和交换关系”，深刻揭示资本主义产生、发展和灭亡的规律，科学阐明社会主义必然胜利的发展趋势和未来社会的基本特征。它是一把刺向资本主义制度的尖刀，是一支吹响社会主义胜利进军的号角。20 世纪苏联、中国等社会主义国家的相继建立，亚非拉民族解放运动的蓬勃发展，充分证明了《资本论》对认识世界和改造世界的强大力量。20 世纪 80 年代末 90 年代初苏联、东欧各个社会主义国家的政治经济体制发生根本性改变以后，世界社会主义发展遇到了空前挫折，所谓“历史终结于资本主义的自由民主制度”等西方资本主义思想甚嚣尘上，《资本论》也被认为是已经“过时”了。进入 21 世纪后，资本主义的内在矛盾和深刻弊端日趋严重，尤其是2008年的全球金融危机爆发，再次表明资本主义经济危机并非如西方主流经济学家所认为的那样，成为过去式，而是愈演愈烈。与之相反，中国特色社会主义建设则表现出强劲发展势头，风景这边独好，为世人所瞩目。以致提出“历史终结”论的弗朗西斯·福山在10年后也不得不发出这样的疑问：“我们是否已经仅在10年时间内就实现了从全球资本主义的胜利向危机的转变”？尤为具有讽刺意味的是，福山这篇文章的题目就叫《重回〈资本论〉》。今天，我们要深刻认识当代资本主义的本质，胜利推进中国特色社会主义现代化建设，就有必要认真学习和研究《资本论》，从中掌握马克思主义的立场、观点、方法。诚如西方一位知名学者所言，人类“不能没有马克思。没有马克思，没有对马克思的记忆，没有马克思的遗产，也就没有将来”。

针对有人鼓吹《资本论》过时的论调，习近平同志在哲学社会科学座谈会上的讲话中特别指出：“这个说法是武断的。远的不说，就从国际金融危机看，许多西方国家经济持续低迷、两极分化加剧、社会矛盾加深，说明资本主义固有的生产社会化和生产资料私人占有之间的矛盾依然存在，但表现形式、存在特点有所不同。国际金融危机发生后，不少西方学者也在重新研究马克思主义政治经济学，研究《资本论》，借以反思资本主义的弊端。”《资本论》不仅是一部伟大的政治经济学著作，而且是一座百科全书式的理论宝库，它蕴含着马克思在哲学、政治、法律、道德、宗教、美学、文学、历史、教育、科学技术等各个方面的宝贵思想。中国特色社会主义政治经济学的探索与构建离不开《资本论》这一经典著作，如同习近平同志所强调的，首先要解决真懂真信的问题，解决好为什么人的问题，并落实到怎么用上来。我们应该以《资本论》的基本原理和方法为指导，以正在做的事情为中心，从中国改革发展的实践中不断挖掘新材料，发现新问题，提出新观点，构建新理论，努力揭示中国社会发展、人类社会发展的大逻辑大趋势，把马克思所开创的伟大事业在 21 世纪不断推向前进。

为了纪念马克思《资本论》第一卷出版 150 周年，全面展现《资本论》的研究现状和成果，进一步推动《资本论》传播、研究、运用、创新和发展，为构建中国特色社会主义政治经济学大厦添砖加瓦，在福建人民出版社的积极倡议和大力支持下，福建师范大学全国中国特色社会主义政治经济学研究中心、经济学院组织出版《资本论》研究丛书。丛书由陈征、李建平担任总主编，共 8 种 12 册，包括：陈征著《〈资本论〉解说》（第四版）(全 3 册)，陈征著《论现代科学劳动：马克思劳动价值论的新发展》，陈征著《社会主义城市地租研究》（第二版），李建平著《〈资本论〉第一卷辩证法探索》（第三版），陈征、李建平、李建建、郭铁民主编《〈资本论〉与当代中国经济》(第三版)，李建平、黄茂兴、黄瑾主编《对〈资本论〉若干理论问题争论的看法》（上、下册），李建平、黄茂兴、黄瑾主编《〈资本论〉与中国特色社会主义政治经济学》，李建平、黄茂兴、黄瑾主编《〈资本论〉永放光芒——纪念〈资本论〉第一卷出版 150 周年》(上、下册)。丛书前四种属个人专著，后四种则是集体研究成果的结晶。对于参与集体成果研究的作者和论文被我们选用的作者，在这里谨表深深的谢意！

由于本套丛书篇幅较大，而时间又很仓促，所以疏漏和错误之处在所难免，诚挚欢迎大家提出批评意见。

陈 征 李建平

2017 年 5 月于福州

目　录

绪　　论

马克思的地租理论和城市土地有偿使用问题

一、围绕着社会主义地租的争论

对社会主义社会的地租问题，长期以来，国内外学术界进行了争论。这关系到马克思经济理论中的一个重要问题，也是社会主义经济建设中一个重要的实际问题。随着改革开放的深入发展，特别迫切需要从理论与实际的结合上给予明确的回答。

马克思在其巨著《资本论》中，对资本主义地租进行了深入的研究，在批判地继承古典学派地租理论的基础上，创立了科学的地租理论。他在分析资本主义地租的同时，对在未来的更高级的社会里是否存在地租进行了科学的预见。马克思指出："从一个较高级的经济的社会形态的角度来看，个别人对土地的私有权，和一个人对另一个人的私有权一样，是十分荒谬的。甚至整个社会，一个民族，以至一切同时存在的社会加在一起，都不是土地的所有者。他们只是土地的占有者，土地的受益者，并且他们应当作为好家长把经过改良的土地传给后代。"[①] 按照马克思的上述设想，在共产主义社会里，没有任何一个阶级、集团、国家甚至同时存在的社会全体可以称作土地的所有者，因此，在共产主义社会的土地经济关系中，绝对地租将被消灭。马克思在1862年给恩格斯的信中也说："按照我对'绝对地租'的见解，土地私有制的确（在某种历史情况

---

① 《资本论》第3卷，人民出版社2004年版，第878页。

下）提高了原料的价格。从共产主义的观点来看这是很可以利用的。”“如果上述观点是正确的，那么，根本不必在一切情况下或者对任何一种土地都支付绝对地租。……凡是土地私有制（事实上或法律上）不存在的地方，就不支付绝对地租。……土地私有制实际上也会失去意义。”① 马克思认为，在未来的共产主义社会中，不仅绝对地租将消失，而且一切地租形式，包括级差地租也将消失。他说：“诚然，即使绝对地租消失了，仅仅由土地自然肥力不同而引起的差别仍会存在。但是……这种级差地租是同市场价格的调节作用联系在一起的，因而会随着价格和资本主义生产一起消失。”② 马克思在这里所预见的，是在未来的较高级的共产主义社会里，不仅消灭了土地私有制，而且消灭了土地所有权，不存在商品、价值、价格、货币等情况下，级差地租和绝对地租等一切地租形式都将消失。长期以来，国内外学术界的一些人，根据马克思的上述论述，坚持认为社会主义社会既没有级差地租，也没有绝对地租。

但是，必须注意，马克思也曾指出，在从资本主义到社会主义的“过渡阶段”，还有保留土地所有权（公有权）的必要，从而地租也有存在的必要性。在《共产党宣言》中，马克思、恩格斯为无产阶级拟定的十项措施中，第一条就提出“剥夺地产，把地租用于国家支出”③。恩格斯在 19 世纪 70 年代写的《论住宅问题》一书中又指出：“消灭地产并不是消灭地租，而是把地租——虽然形式发生变化——转交给社会。所以，由劳动人民实际占有全部劳动工具，决不排除保存租赁关系。”④ 列宁在《社会民主党在 1905—1917 年俄国第一次革命中的土地纲领》中也说：“土地国有化就是全部土地收归国家所有。所谓归国家所有，就是说国家政权机关有权获得地租、有权规定全国共同的土地占有和土地使用的规则。”⑤ 这就说明：在无产阶级革命取得胜利，掌握了国家政权，进行社会主义建设的过程中，虽然消灭了土地私有制，实行了土地国有化，但

---

① 《马克思恩格斯全集》第 30 卷，人民出版社 1975 年版，第 270 页。

② 《马克思恩格斯全集》第 34 卷，人民出版社 2008 年版，第 114 页。

③ 《马克思恩格斯选集》第 1 卷，人民出版社 2012 年版，第 421 页。

④ 《马克思恩格斯选集》第 3 卷，人民出版社 2012 年版，第 267 页。

⑤ 《社会民主党在 1905—1907 年俄国第一次革命中的土地纲领（11—12 月）》，《列宁全集》第 16 卷，人民出版社 1988 年版，第 302 页。

仍要交纳地租，只不过这种地租，不像资本主义地租那样交给土地所有者个人，而是交给国家，归国家所有。作为地租，仍然是存在着的。

马克思、恩格斯、列宁对未来社会的预示，仍须由社会发展的历史所检验。十月革命后的苏俄实行军事共产主义政策，不存在与商品经济有关的地租等问题。1921 年改为实行新经济政策，用商品交换代替产品交换，开始了对商品、货币关系以及地租理论的探讨。虽然也有人认为，在过渡时期中，还存在着级差地租和绝对地租；但否认过渡时期存在地租的观点，在当时占据主导地位。这时研究的，主要是过渡时期有没有地租的问题。到了 20 世纪 40 年代，才开始有人承认在社会主义条件下也存在级差地租[①]。50 年代，苏联大部分学者承认社会主义级差地租的存在；但也有少数人认为这只是级差收入，不是级差地租范畴；还有人坚持级差地租是资本主义的特有范畴。至于绝对地租，由于在 20 年代初期，斯大林在全苏第一次马克思主义土地问题专家代表会议上，宣布苏联废除了土地私有制，实现了土地国有化，消灭了绝对地租[②]，因此，直到现在，社会主义不存在绝对地租的观点一直占据统治地位。

在中国，长期采取了苏联所实行的计划经济和产品经济模式，理论上也长期受着苏联《政治经济学教科书》的影响，对于社会主义是否存在级差地租和绝对地租的问题，经历了和苏联基本相同的历程。中华人民共和国成立初期，学术界几乎普遍否定社会主义地租的存在；以后着重讨论级差地租，虽然有些人承认社会主义还存在着级差收益，但却否认级差地租范畴的存在，把它改称为“级差纯收入”；60 年代初，不少同志肯定了级差地租范畴的存在，直到党的十一届三中全会实行改革开放政策以后，即 70 年代末和 80 年代初，社会主义级差地租范畴，才普遍为人们所接受。至于绝对地租，长期以来，学术界普遍认为，由于中国土地私有制的废除，建立了城市土地国有、农村土地集体所有的制度，产生绝对地租的条件已经消灭，已不可能存在社会主义绝对地租。十一届三中全会后，随着经济体制改革和对外开放的发展，特别是经济特区

---

① 拉普捷夫 1944 年在苏联《布尔什维克》杂志发表了《集体农庄的收入和级差地租》的文章。

② 参见《斯大林全集》第 11 卷，人民出版社 1955 年版，第 168 页；《斯大林全集》第 12 卷，人民出版社 1955 年版，第 134 页。

的建立，这就出现了对外商投资的企业要不要收取因使用土地而交纳的地租问题，对中外合资企业、国内联营企业因使用土地要不要交纳地租的问题。因此，从80年代开始，学术界逐渐开展了对社会主义有无绝对地租的争论。时至今日，虽然有些同志仍否认社会主义绝对地租的存在，但不少同志认为，在社会主义国家中，特别是在中国当前的社会主义初级阶段，不仅存在着产生绝对地租的原因，而且还存在着产生绝对地租的条件，因而仍然存在着绝对地租。

围绕着社会主义有无级差地租和绝对地租的争论，实质是和社会主义是否存在商品经济、是否实行改革开放密切联系着的。马克思关于资本主义地租的理论，是建立在劳动价值论和平均利润、生产价格的理论基础上。只有理解了马克思的价值理论和生产价格理论，才能理解地租，只有理解了生息资本和利息理论，才能理解地价。过去，学术界把社会主义经济理解为产品经济、半商品经济，与商品经济相联系的范畴也就得不到普遍承认。可见，只有在承认社会主义是在公有制基础上的有计划的商品经济的前提下，对社会主义地租才能进行实事求是的研究。而改革开放的发展，又必须在实际工作中采取必要的措施，制定有关的政策，这就首先要在理论上解决要不要承认社会主义地租的存在和应不应该收取地租的问题。因此，只有对社会主义地租进行深入的分析，得出科学的结论，才会对社会主义有计划商品经济取得完整而系统的认识，才会使社会主义经济体制改革建立在科学理论的基础上，才会使对外开放和特区经济得到顺利的发展。可见，围绕着社会主义地租的争论，不仅是马克思主义中的一个重要的理论问题，而且是社会主义建设中的一个重要的实际问题。

二、城市土地无偿使用是否定社会主义地租的实际结果

在不存在社会主义地租的理论思想指导下，中华人民共和国成立以后30余年中，认为土地公有化了，地租不存在了，因而对城市土地实行

无偿使用[①]，带来了严重的弊端。

土地是自然物质，它的数量有限，不可再生，不可替代，是最宝贵的资源。如果没有土地生长植物，人们就取不到食物，人类就无法生存；如果没有土地作为工作场所和居住场所，就不能建工厂、开商店、盖办公楼、建住宅，人们就无法进行经济活动和家庭生活。中国过去一向号称地大物博，人口众多。实际上土地面积虽大，但人均耕地却很少，1989 年按人口平均，只有 1.29 亩，不及世界人均耕地面积的 1/3。特别是随着现代化的发展进程，城市逐渐扩大和增加，城市用地也随之增加，耕地面积相应减少。据统计，1957 年至 1980 年的 23 年间，城乡建设占用耕地就达 5 亿亩，相当于 1949 年中华人民共和国成立初期耕地面积（14.68 亿亩）的 1/3。特别是从 1976 年到 1987 年，城市增加较快，1978 年有城市 192 座，发展到 1987 年为 381 座，即不到 10 年的时间里，增加了 189 座城市。与此同时，市区面积从 19.5 万平方千米，增加到 97 万平方千米，市区占国土面积的比重，从 2.03%上升到 10%左右。城市迅速发展，城市土地迅速增加，促使人均耕地面积下降，直接影响到农业生产和整个国民经济的发展。这种城市土地的迅速增加虽然有多种原因，但和城市土地的无偿使用制度是分不开的。正是由于土地的无偿使用，使土地使用者不必关心节约土地，相反地，多占土地不须支付代价，而土地的收益又为自己所得，占的土地越多，收益也越大。这种对土地的多征多占，是在各项经济建设事业的发展过程中，以建设的需要而进行的，最终造成城市土地迅速扩大，耕地面积日益减少，对整个国民经济的发展造成严重的影响。

城市土地的无偿使用，致使城市土地使用不合理，浪费现象严重。有的土地征而不用。当建设单位申请征地时，都大讲其如何急需；一旦征得土地后，却长期闲置不用。有的多占地，占好地，多占少用，早占迟用，乱占乱用。据不完全统计，1982 年至 1986 年全国查出违法占地案件 520 万件，违法占地 550 多万亩，几乎有一半的建设用地是违法的。有的缺乏整体规划，布局混乱，在闹市区建住宅，在生活区建工厂，在

---

① 本书着重研究城市土地的使用问题，对农业土地的使用问题，有另书研究。

街道两旁建办公楼和学校。如上海的南京路、淮海路，是驰名的商业区，但工艺美术品工厂、服装工厂、无线电厂等，却在这些地方兴建起来。其实，这些工厂兴建在其他地方同样可以进行生产，而且厂地面积还可以得以扩大。如把这些房屋腾出来，开办商业、服务业等，将会有大得多的经济效益。有些“窗口”行业，因无地少地，得不到发展，不能有效地发挥其功能。而有的市中心的黄金地带，却长期闲置，造成严重浪费。如上海淮海中路淮海电影院对面一块7000平方米的土地，从1958年打算建造党史纪念馆起，足足沉睡了27年。[①] 如以1933年上海最高地价每亩36万两白银计算，折合人民币700万元左右，每年每亩地租约47万元，7000平方米土地每年地租近500万元，27年地租总数就有1.35亿元左右。有的工厂因无偿使用之故，尽量扩大占地；工厂占地过多，导致城市空间结构极不合理。据1984年统计，中国特大城市工业用地占城市总用地的26.6%，上海高达37%；广州空置的土地就有25.68平方千米，占全市用地面积的18.72%。而同期国外工业发达国家的城市，工业用地只占城市总用地的15%，日本东京的工业用地仅占城市总用地的13%。[②] 造成城市土地严重浪费现象的原因当然很多，但因土地无偿使用而导致对土地需求的无限扩张，是其重要原因之一。

由于城市土地无偿使用，使国有土地演变成为部门、单位或个人所有。本来城市土地为国家所有，国家委托其代表机构管理土地，收取地租。但因城市土地无偿使用，不必支付地租，由土地使用而取得的收入，不上交给国家，直接归本单位、本部门所有，作为企业的部分纯收入。这就使部门、单位在土地使用上吃国家的“大锅饭”，从思想上忘记了土地系国家所有，而误认为本部门、本单位代表国家，自己可以自由支配，为所欲为。这就把国家所有在相当程度上演变为部门所有、单位所有或个人所有。这些部门、单位，谁占的土地多，谁的得益就多，收入就多，于是就千方百计地扩占土地。有的单位竟不通过土地管理部门，擅自与外商谈判，举办合资、合作企业，向外商收取土地使用费，或以土地代

---

① 参见张薰华、俞建主编：《土地经济学》，上海人民出版社1987年版，第298页。

② 上述资料转引自杨继瑞：《开发城市地产业的理论思考》，《中国社会科学》1990年第2期，第120页。

价入股，作为分配利润的资本。有的单位则将自己使用的土地与缺地的单位订立合同，在该地建筑房屋，对所占房屋分半使用，住地分成。有的单位则把自己使用的建筑物高价出租，从中收取高额租金。有的街面上的住户，则将门口的公共用地，非法出租给个体摊贩，收取一定数量的租金。有的单位甚至视国家土地为已有，将土地高价出租或高价出售，以物易地、以地易房等变相买卖国有土地的现象，层出不穷。而土地一旦被某部门、某单位所占有，国家就很难进行调整，甚至要他让出几十平方米或者几平方米的土地都极其困难，这就直接影响到城市的全面规划，影响城市的建设和发展。上述现象，都是由于混淆了土地所有权而产生的，也就是把国家所有的土地，演变为部门所有、单位所有、个人所有而产生的结果。

城市土地无偿使用，不能因使用土地带来收益，致使城市基础设施建设缺乏必要的资金。中国原有城市经济不甚发达，旧城市的基础设施比较落后，需要大量建设、改造和更新；新建城市的基础设施，又要从头做起，这就需要一大笔资金。现在，城市的财力是有限的，一方面要安排城市生产，另一方面又要安排城市基础设施的建设。但城市基础建设的投资，只能取得间接效益，不像生产部门在一定时期内能提供大量收入。因此，在二者的选择中，城市政府的投资不得不向工业生产部门实行财政倾斜，把有限的资金投向能直接增加产值、提供财政收入的生产项目上，这就使得城市基础设施缺乏必要的投资，长期得不到改善和发展，城市功能也不能得到正常的发挥。在商品经济的条件下，城市土地的有偿使用将是一笔较大的财政收入。据有关资料介绍，香港土地全部属香港政府所有，由于出让土地使用权而取得的“批租”，一般占该年财政收入的 17.7%，其中 1980 年至 1981 年财政年度的地产收入，竟占财政收入的 35.4%。[①] 香港的城市公共住宅和基础设施的建设，所以能够得到高速度、大规模地持续发展，是与经营地产业获得巨额财政收入分不开的。实行城市土地无偿使用，就把这一笔巨大财源封闭起来，自己束缚自己的手脚，“捧着金饭碗讨饭吃”。一旦实行城市土地有偿使用，

---

① 参见《经济研究资料》1989 年第 69 期，第 45 页；《房地产经济》1987 年第 5 期，第 44 页。

就发现了地上的“摇钱树”，挖掘了地下的“聚宝盆”。例如，从 1985 年下半年起，广州市就对新开发（含再开发）的土地征收土地使用费，每年可收 1500 万元左右，1987 年实际征收 1920 万元，为该市增加了 10% 的城市建设资金。重庆市于 1987 年下半年全面实行土地有偿使用制度，当年收入土地使用费即达 2400 万元。①

上述材料证明，城市土地无偿使用的弊端是显而易见的。这种“大锅饭”式的无偿使用制度，正是在理论上否定社会主义地租所产生的实际结果。

三、城市土地有偿使用是社会主义经济的客观要求

经济规律是客观存在的。既然社会主义初级阶段存在着商品、货币、价值、价格、利润、地租等范畴，反映这些范畴的本质的内部联系的经济规律仍然客观地发生作用。实行城市土地有偿使用制度，是在理论上承认社会主义地租的存在，认识、利用社会主义地租规律所产生的实际结果。

城市土地有偿使用，是在经济上实现社会主义土地所有权的客观要求。地租是土地所有权在经济上的实现。或者说，土地所有权在经济上的实现形式，就是土地所有者向土地使用者收取一定量的地租。当然，土地所有权不仅表现为经济上的，也表现为法律上的，但是法律上的所有权必须以现实的经济关系为基础。如果土地所有权在经济上得不到实现，那么法律上的土地所有权也仅仅是一种虚构。实行城市土地无偿使用，为国家所有的城市土地所有权并未在经济上取得实现的形式，还处于法律上的虚构之中，也就是说，国家所有的土地所有权，仅仅是名义上存在，在实际上等于完全废除。只有在有偿使用的情况下，国家委托其代表机关向土地使用者收取地租，这才真正是国家行使其对土地的所有权。这样，国家不仅在法律上，而且在经济上才取得了所有权的实现

---

① 参见《四川房地产》1989 年第 1 期，第 51 页。

形式。有的同志认为，地租是私有制的产物，一旦私有制废除了，地租也就随之消失。其实，地租并不仅仅是土地私有制的产物，也不仅仅是土地私有权借以实现的经济形式。按照马克思的原意，地租是土地所有权实现的经济形式。马克思说：“单纯法律上的土地所有权，不会为土地所有者创造任何地租。但这种所有权使他有权不让别人去使用他的土地，直到经济关系能使土地的利用给他提供一个余额，而不论土地是用于真正的农业，还是用于其他生产目的，例如建筑等等。”① 他又说：“地租的占有是土地所有权借以实现的经济形式”②，“真正的地租是为了使用土地本身而支付的”③。这就告诉我们，只要是在存在土地所有权的情况下(不管是私有还是公有)，出现了土地所有权和土地使用权的分离，土地使用者就要向土地所有者交纳地租。在私有制条件下是如此，在公有制条件下也是如此，所以恩格斯才说：“消灭地产并不是消灭地租，而是把地租——虽然形式发生变化——转交给社会。”④ 列宁也说，土地归国家所有，“就是说国家政权机关有权获得地租”⑤。革命导师的上述预见，已为社会主义国家经济建设的实践所证实。为了在经济上实现社会主义的土地所有权，对城市土地必须实行有偿使用制度，收取地租。这是社会主义经济的客观要求，也是社会主义地租规律发生作用的必然结果。

城市土地有偿使用，是社会主义市场经济发展的客观要求。社会主义是在公有制基础上的有计划的商品经济。各企业都是相对独立的商品生产者和商品经营者，有相对独立的经济利益，这些经济利益的大小，是由该企业经营的状况决定的。如果对土地这一重要生产要素，实行无偿使用，不费企业分文，不加入企业成本，这种产品成本，应该说是很不完善，很不准确的，不能正确反映该企业的经营水平。再者，由于各企业占有土地的数量不同，位置不同，这会对企业的经营效益产生直接的影响。那些土地位置较好、质量较好的企业，离市场较近，经济信息

① 《资本论》第3卷，人民出版社2004年版，第856页。

② 《资本论》第3卷，人民出版社2004年版，第714页。

③ 《资本论》第3卷，人民出版社2004年版，第699页。

④ 《马克思恩格斯选集》第3卷，人民出版社2012年版，第267页。

⑤ 《社会民主党在1905—1907年俄国第一次革命中的土地纲领（11—12月）》，《列宁全集》第16卷，人民出版社1988年版，第302页。

较灵，既减少了运输费用，降低了生产成本，又密切适应市场的供求情况，及时销售产品，推动了再生产的顺利进行，增加了产品的数量，这就使该企业取得一定数量的额外利润，有较好的经济效益。但是，这种额外利润不是企业经营的成果，而是由于占有较好土地资源的结果。按照马克思的级差地租理论，这部分因占有较好土地资源而取得的额外利润，应作为级差地租Ⅰ，上交给土地所有者。如果这部分利润归土地使用者所有，即由该企业直接占有，就会使占有较好、较多土地的企业，即使经营不善，也能比别人获得更多的利润。这就不能正确评价该企业的经营水平，就不能在同等条件下开展企业之间的竞争，不利于推动生产技术的改进、劳动生产率的提高和经营管理状况的改进；就不能在分配中正确贯彻按劳分配原则，致使劳动效益较差的企业的工人比劳动效益较好的企业的工人取得更多的收入。不仅如此，在商品经济条件下，发展社会主义市场经济，必须建立相适应的市场体系，既要有消费品市场、生产资料市场，还要有资金市场、技术市场、劳务市场，以及多元化的地产市场等等①，这才有利于市场经济的发展，这当然有赖于对城市土地实行有偿使用制度。可见，城市土地有偿使用，是社会主义市场经济的客观要求。

城市土地有偿使用，又是社会主义城市建设和发展的客观要求。如前所述，对城市土地无偿使用，产生了许多弊端。反之，对城市土地有偿使用，使之成为合理使用土地的经济杠杆，通过这种经济杠杆，可以促进对土地的合理利用，可以控制土地的浪费和损失，可以促进对空间的充分利用，节省土地，可以避免有些单位对土地的早征迟用、多征少用、征而不用，可以推动城市区划的合理布局，严格控制在市中心区建厂，并把已建的工厂移到郊区。例如，日本为了促使一部分工厂向郊区转移，对市中心区土地收取高租，而对外迁的工厂则采取减税、低息贷款、补助金等一系列措施，使得一些已经设在城市中心区的工厂，用高价把旧厂出卖，再到郊区用低价购买土地新建工厂。由于土地差价和政

---

① 多元化的地产市场体系，应包括地产征购市场、地产批租市场、地产开发租赁市场、地产使用权抵押市场、地产使用权互换市场等。

府的鼓励，往往只要付出30%的投资，就可把新厂扩大几倍，使生产获得很大的发展。因为工厂外移，东京市区工厂用地，由1964年的3200公顷减少到1974年的1900公顷，10年内减少40%。[①] 工厂迁出后，进一步改善了城市的基础设施，扩大了绿化面积，使城市更加符合现代化的发展要求。从中国目前城市基础设施的建设来说，虽然中华人民共和国成立以来进行了大量投资，得到迅速发展，取得了很大成绩，但有些基础设施仍然处于落后状态。即以北京而言，下水道的普及率只有27.3%，大大低于伦敦、巴黎的100%，纽约的79.7%，华盛顿的62.1%，东京的73%的水平。[②] 但要加速城市基础设施的建设，使之得到迅速的改造和发展，必须进行大量投资。实行城市土地有偿使用制度，就可以取得一笔可观的收入，作为建设资金的一项重要来源[③]，以上说明，实行城市土地有偿使用制度，是城市的建设和发展的客观要求。

总之，城市土地有偿使用，是社会主义经济的客观要求，是社会主义经济规律，特别是价值规律和地租规律发生作用的必然结果。

四、以马克思主义地租理论为指导研究城市土地有偿使用问题

实行城市土地有偿使用制度，就是在城市土地为国家所有的情况下，把土地出租给使用者，由土地使用者单位或个人向土地所有者国家交纳一定数量的土地使用费，这种费用，实质上就是地租。这种土地所有者和土地使用者的关系，体现了出租人和承租人的关系。资本主义农业地租的本质反映着土地所有者、农业资本家、农业工人之间的关系。社会主义城市地租的本质，则反映着国家、单位和个人之间的关系。这是社会主义地租和资本主义地租在本质上的区别。实行城市土地有偿使用制

① 材料转引自张薰华、俞建主编：《土地经济学》，上海人民出版社1987年版，第310页。

② 转引自张跃庆、张连城：《城市土地经济问题》，光明日报出版社1990年版，第145页。

③ “以上海市测算的第一个方案，即理论方案来说，每年即可收取土地使用费近40亿元。”参见张跃庆、张连城：《城市土地经济问题》，光明日报出版社1990年版，第145页。

度，必须以马克思的地租理论为指导，这就要研究城市地租中的级差地租、绝对地租、垄断地租以及租金等一系列理论问题。

城市土地的位置，对城市级差地租的产生具有决定性影响。马克思的级差地租理论指出，级差地租有两种形式，由土地肥沃程度不同和土地位置不同而产生的是级差地租的第一形式，由连续追加投资所取得的不同生产率而产生的是级差地租的第二形式。“凡是存在地租的地方，都有级差地租，而且这种级差地租都遵循着和农业级差地租相同的规律。”[①] 但是，由于农业主要是生长谷物，土地肥沃与否对谷物的产量有很大影响。由连续追加投资，也能因此取得更多的谷物产量。城市级差地租则不完全一样。城市土地大都是用于建筑，如工业用地、商业用地、办公用地和生活用地，在土地上盖厂房，开商店，建办公楼和住宅，土地肥沃程度不能产生直接影响；而在同一土地进行连续投资，如盖高层建筑，只是提高一定土地面积的使用效果，也很难表明该块土地的直接经济效益。但是由于城市土地位置不同，可以划分为市中心区、次中心区、非中心区和郊区。它们或者直接作为销售市场，或者靠近原料产地，或者因靠近铁路、港口，交通运输方便，或者处在政治、经济、文化中心，或者是完全相反。所以在不同地段上进行建筑，就会有不同的经济效益。在这种有天然优越条件的建筑地段上经营，会取得更多的利润，有很大的经济效益和社会效益，这就构成级差地租的实体。所以马克思在论建筑地租时指出，“这种地租的特征在于：首先，位置在这里对级差地租具有决定性的影响”[②]。因此，对城市土地实行有偿使用，必须根据城市土地的实际情况，划分为若干等级，收取不同数量的土地使用费，这种土地使用费的数量之所以不同，就是依据级差地租Ⅰ的理论来决定的。

土地所有权和使用权的分离，是城市绝对地租产生的前提条件。中华人民共和国宪法规定，城市土地为国家所有。但国家所有并不等于完全由国家直接使用。有的人认为，既然土地属于国家所有，全民所有制的部门或企业也是国家所有，完全可以直接占有土地，无偿使用。在这

---

① 《资本论》第3卷，人民出版社2004年版，第874页。
② 《资本论》第3卷，人民出版社2004年版，第874页。

里，他们实际上是把国家所有演变为部门所有、企业所有了。在一般情况下，城市土地的使用者、经营者，是城市中多种经济成分的经济组织和个人，这就使得城市土地出现了所有权与使用权相分离的现象，“不论什么地方，都要为使用地皮（工厂建筑物、作坊等所占的地皮）付地租”①。但是绝对地租的产生，不仅仅是由于对土地所有权的独占，如果同一资本家既是土地所有者又是土地使用者，“可以把资本投在土地上而不付地租”。但在土地既已被占有，又在所有者和使用者相分离的情况下，土地所有者利用占有该土地的所有权，有权不让别人去使用这块土地，直到使用者向他交纳地租，才能转让该土地的使用权，所以绝对地租的产生，是存在土地所有权的情况下，以所有权与使用权相分离为前提。因此，不管什么土地，不管是好地还是坏地，不管土地位置属于什么等级，使用者都要付出绝对地租。有的同志认为，马克思所说的绝对地租，是农产品价值高于社会生产价格之间的差额，这是由农业有机构成低于工业而产生的。城市土地既不生产农产品，不可能实现所谓价值高于生产价格的差额，更谈不上出现什么有机构成的差别，因而认为城市土地不存在绝对地租。实际上，马克思针对李嘉图否认农业绝对地租的观点，指出在不违背价值规律的情况下，农业有机构成低于工业，致使农产品价值高于社会生产价格，从而产生农业中的绝对地租。但是上述分析只是说明农业绝对地租的来源问题，至于为什么会产生农业地租，即农业地租产生的原因，则是根源于土地所有权对土地的占有以及所有权和使用权的分离。所以马克思又说：如果农业有机构成赶上或超过社会平均的有机构成以后，上述意义上的绝对地租就会消失；但绝对地租并不会消失，这时绝对地租的来源，“只能来自市场价格超过价值和生产价格的余额，简单地说，只能来自产品的垄断价格”②。马克思的上述观点，我认为完全可以运用到城市绝对地租中来。虽然城市土地不生产农产品，不存在农产品价值高于社会生产价格的问题；但由于土地所有权的存在，所有权和使用权相分离，土地使用者因使用土地而取得的经营

① 《马克思恩格斯全集》第34卷，人民出版社2008年版，第34页。

② 《资本论》第3卷，人民出版社2004年版，第865页。

收入（或利润），必须以其中的一部分作为绝对地租交给土地所有者国家。虽然这种绝对地租从量上说是微小的，但毕竟是客观存在着的，它是由土地所有权带来的产物，是所有权和使用权相分离的结果。所以，对城市土地有偿使用，收取一定数量的土地使用费，应该包括绝对地租在内。

对城市优等地的竞争性需求，产生垄断地租这种特殊形式。马克思把绝对地租和级差地租称为地租的“正常形式”，把垄断地租称为“特殊形式”。农业中的垄断地租，是由于垄断了某些自然条件特别有利的土地，因而在这块土地上生产了稀有的土特产品，使产品能提供垄断价格，由垄断价格高于价值和社会生产价格而产生了垄断地租。但在城市中并不存在这种由土地产生的稀有的土特产品的生产问题，那么在城市会不会产生这种垄断地租呢？土地是有限的不可再生的稀缺资源，任何一项城市社会经济活动都必须在一定的土地空间的基础上进行。开商店、办工厂、建住宅，都需占用一定面积的土地。但由于城市土地供给的有限性，而对土地的需求又会随城市的发展而增加，特别是优等土地，有许多自然存在的优越条件，更是众多需求者竞争的对象。谁能支付最多的地租，就能取得该地的使用权，竞争的结果，就会使地租越来越高。这种高额地租，一旦超过了一般水平的绝对地租和优等地的级差地租，超过的部分就成为垄断地租。可见，城市垄断地租也和农业中的垄断地租一样，“只决定于购买者的购买欲和支付能力的价格，它既与一般生产价格所决定的价格，也与产品价值所决定的价格无关”[①]。归根结底，还是由于对优等地的需要引起竞争而产生的。这种由特殊地块竞争而产生的地租的特殊形式，在实行城市土地有偿使用时，也必须加以考虑。

由土地资本（资金，下同）投入而产生的广义地租，即租金，也应包括在城市土地使用费的范围之内。马克思把投入农业土地上的资本称为土地资本，由土地资本而带来的折旧和利息，在租约期满后，就会流入土地所有者手中。马克思把由土地所有权而带来的地租称为“真正的地租”，包括级差地租、绝对地租、垄断地租；把由真正的地租再加土地

① 《资本论》第3卷，人民出版社2004年版，第876页。

资本的折旧、利息而构成的地租称为“广义的地租”，或称为“租金”。这种土地资本与土地相结合的情况，在城市中更为突出。作为自然的土地，没有劳动投入，当然没有价值。但城市土地并不是一般意义上的自然资源，由于对城市基础设施的不断建设与开发，几乎没有一块土地没有土地资本的投入。马克思曾说，应该“把土地物质和土地资本区别开来”①。但在城市中从开始平整土地起，建设地下基础工程，安装水电管道线路等等，无一不是土地资本的投入。由于土地资本附着于土地物质并互相结合成为有机综合体，形成城市地产，由地产的使用而交纳的地租，就不仅仅是真正的地租，还应包括土地资本的折旧和利息在内的租金。实行城市土地有偿使用，收取土地使用费，应该根据广义的地租来进行，即因对地产的使用而付给一定的租金。

社会主义地租和资本主义地租反映着不同的关系，有着不同的本质，不能混为一谈。但地租规律所发生的作用，对于资本主义和社会主义来说，有其不同的地方，也有其共同的地方。研究、认识和利用社会主义地租的运动规律，并据此制定有关政策，指导城市土地有偿使用的各项工作，搞好改革开放，是经济理论工作者和实际工作者面临的重要任务。

---

① 《资本论》第3卷，人民出版社2004年版，第698页注（28）。

第 一 章

必须重视对社会主义城市地租的研究

长期以来，中国城市土地为国家所有，实行无偿使用，这是和产品经济的基础相适应的。改革开放的实践证明：无偿使用城市土地已显露出许多弊端，不利于社会主义建设事业的发展。必须改无偿使用为有偿使用。在建设社会主义市场经济的过程中，对城市土地有偿使用，发展城市土地市场，对城市土地进行商品化经营管理，建立新的城市土地经济的运行机制，有利于维护和坚持社会主义的土地公有制，理顺国家与企业的经济关系；有利于合理利用土地资源，提高土地使用效益，促进土地优化配置；有利于增加国家财政收入，扩大城市建设资金的来源；有利于引进外资，促进对外开放，推动土地的成片开发。总之，城市土地有偿使用，有利于改革开放，有利于社会主义生产关系的调整，从而促进社会生产力的迅速发展。但是，对城市土地进行有偿使用，必须制定一系列的方针政策，而这又必须以正确的理论为指导。马克思的地租理论，是城市土地制度改革的基本依据。由于马克思主要研究的是资本主义农业地租，把它运用到中国当前实际中来，还必须具体化，这就要求：依据马克思的地租理论，运用马克思主义的立场、观点、方法，研究中国当前城市土地经济改革中的新情况、新问题，建立系统、完整、科学的社会主义城市地租理论，以便推动城市土地制度的改革，加速对外开放的发展。

有人认为：马克思的地租理论，主要研究资本主义的农业地租问题，对社会主义城市地租不适用。也有人认为：马克思关于资本主义农业地租的理论，完全适用于社会主义的城市地租。这两种看法各执一端，都是比较片面的。马克思在《资本论》第三卷第六篇共 11 章中，都是研究地租的；第三十七章至第四十五章，研究资本主义农业地租；第四十六章，研究建筑地段地租、矿山地租和土地价格。矿山地租实即工业地租。工业地租包括加工工业地租和采掘工业地租，矿山地租属于后者。建筑地段地租指非农业地租，其中包括城市地租。马克思在该章中，分析了建筑地段地租的特征，研究了建筑地租随资本主义发展而不断提高的根本原因和发展趋势，以及由地租产生垄断价格，实即另一种意义上的绝对地租等等。据此，如果说马克思只研究农业地租，没有研究城市地租，显然是不对的。马克思有关农业地租的一些理论，对研究城市地租也是适用的，虽然他没有直接使用“城市地租”这个词，实际上也涉及城市地租。当然，由于《资本论》第三卷是依据手稿整理而成，马克思在重点研究资本主义农业地租时，没有来得及系统地研究城市地租，因而对城市地租的研究还不够系统，不够充分，如果说马克思已建立了完整而系统的城市地租理论，也是不切实际的。大家知道，地租，是土地所有权在经济上的实现，在土地所有权还存在的条件下，只要出现土地所有权和土地使用权的分离，土地使用者就要向土地所有者交纳地租，这是关于地租的一般基本原理，不管是对农业地租还是对城市地租，是对资本主义地租还是社会主义地租，都是适用的。可见，马克思的地租理论，有一般的指导意义。但是，不同社会里地租的性质又是不同的。地租的性质是由土地所有权的性质决定的，由于土地所有权的性质不同，地租的性质、地租所体现的社会经济关系的性质也不同。资本主义农业地租，体现农业资本家、土地所有者、农业工人之间的社会经济关系。社会主义城市地租，则体现着社会主义国家、企业、劳动者之间的关系。正是由于体现着不同的社会经济关系，因而不同社会的地租就具有不同的性质。以农业地租和城市地租比较而论，农业地租中的绝对地租、级差地租、垄断地租的有些基本原理，对城市地租也是适用的。但城市又有许多不同于农业的特点，例如：农业是依靠土地生产农产品的，农业地租是由农产品价格、价值转化为利润和超额利润，进一步转化为地租的；城市中除了工业生产商品外，商业只是从事商品的销售，住宅只是作为工作和生活的场所。在城市，大部分土地不直接生产产品，只是作为建筑空间，这就使城市地租带来一些与农业地租不同的特点。这就不能以农业地租的理论为满足，必须建立既是社会主义的又是城市的科学而系统的城市地租理论，为改革开放提供理论基础。

绝对地租与级差地租，是地租的基本形式。社会主义有无绝对地租，城市地租中有无绝对地租，是学术界长期争论不休、悬而未决的问题。马克思在《资本论》中指出："从一个较高级的经济的社会形态的角度来看，个别人对土地的私有权，和一个人对另一个人的私有权一样，是十分荒谬的。甚至整个社会，一个民族，以至一切同时存在的社会加在一起，都不是土地的所有者。他们只是土地的占有者，土地的受益者，并且他们应当作为好家长把经过改良的土地传给后代。"① 按照上述设想，在没有任何阶级、集团、国家的共产主义社会里，土地所有制不复存在，绝对地租也将被消灭。1862 年马克思在写给恩格斯的信中也说："凡是土地私有制（事实上或法律上）不存在的地方，就不支付绝对地租。"② 因此，国内外学术界的一些人，根据马克思的以上论述，认为社会主义社会已不存在绝对地租。其实，马克思关于私有制不存在，绝对地租也不再存在的观点，是针对资本主义而言。资本主义建立在生产资料私有制的基础上。所谓"土地私有制不存在"，也等于前述引文的"都不是土地的所有者"，即土地所有制不存在。可是，马克思也曾指出：在从资本主义到社会主义的"过渡阶段"，还有保存土地所有权（公有权）的必要，因而地租也有存在的必要性，马克思、恩格斯在《共产党宣言》中指出，无产阶级取得国家政权后，第一条措施就是"剥夺地产、把地租用于国家支出"③。在 19 世纪 70 年代，恩格斯在《论住宅问题》一书中又指出："消灭地产并不是消灭地租，而是把地租——虽然形式发生变化——转交给社会。所以，由劳动人民实际占有全部劳动工具，决不排除保存租赁关系。"④ 这就是说，在社会主义建设过程中，虽然消灭了土地私有制，实行了土地国有化，仍要交纳地租，只不过这种地租，不是交给土地所有者本人，而是交给国家、交给社会。实际上，地租并不仅仅是私有制

① 《资本论》第 3 卷，人民出版社 2004 年版，第 878 页。
② 《马克思恩格斯全集》第 30 卷，人民出版社 1975 年版，第 270 页。
③ 《马克思恩格斯选集》第 1 卷，人民出版社 2012 年版，第 421 页。
④ 《马克思恩格斯选集》第 3 卷，人民出版社 2012 年版，第 267 页。

的产物，也不仅仅是土地私有权借以实现的经济形式。马克思说："地租的占有是土地所有权借以实现的经济形式"①。"单纯法律上的土地所有权，不会为土地所有者创造任何地租。但这种所有权使他有权不让别人去使用他的土地，直到经济关系能使土地的利用给他提供一个余额，而不论土地是用于真正的农业，还是用于其他生产目的，例如建筑等等。"②"真正的地租是为了使用土地本身而支付的"③，这就是说，只有在存在土地所有权的情况下（不管私有还是公有），出现了土地所有权和使用权的分离，土地使用者就要向土地所有者交纳地租。在私有制条件下是如此，在公有制条件下也是如此。正是由于土地所有权的存在，租用任何一块土地，即使是最差的土地，也必须绝对地交纳地租，马克思称这种地租为绝对地租。马克思说："土地所有权的恰当表现，是绝对地租。"④ 如果不交绝对地租，即意味着土地所有权被废除。当前我国处在社会主义初级阶段，还存在着社会主义的土地所有权，这是产生社会主义绝对地租的基础；在土地经济关系中还存在着所有权和使用权的分离，这是社会主义绝对地租存在的基本条件；而有计划商品经济的存在，又是产生社会主义绝对地租的社会经济条件。实践证明，在我国当前的情况下，社会主义绝对地租是客观存在，是毋庸置疑的。

社会主义城市地租中有没有绝对地租呢？有的人是肯定的，有的人是否定的。持否定意见的人认为：城市土地中的绝对地租实际上是农业土地中的绝对地租。农业绝对地租是由于农业有机构成低于社会平均有机构成，致使农产品价值高于社会生产价格，其中的差额形成绝对地租。一旦农业有机构成等于社会平均有机构成，这个差额消灭了，绝对地租就不复存在。这种认为绝对地租只有在农业中才有存在条件，在城市中没有其存在条件的看法，是值得商榷的。其实，农业土地和城市土地有一个根本不同点，农业依赖土地进行种植生产农产品，地租是农产品的价格和价值中的一个转化部分；城市土地不管是经营工商业还是建筑住

---

① 《资本论》第 3 卷，人民出版社 2004 年版，第 714 页。
② 《资本论》第 3 卷，人民出版社 2004 年版，第 856 页。
③ 《资本论》第 3 卷，人民出版社 2004 年版，第 699 页。
④ 《马克思恩格斯全集》第 34 卷，人民出版社 2008 年版，第 371 页。

宅，都是以土地作为空间的活动场所，不能用它生产产品，所以城市绝对地租的来源，不可能像农业那样来自农产品价值超过社会生产价格的余额，而是根据土地的不同用途有各自不同的来源。例如，工业绝对地租来源于工业利润的直接扣除，即工业企业从工业生产经营的收入中，把绝对地租作为一项扣除固定下来，参加剩余产品价值的分割。商业绝对地租则是商业利润的一部分，来自对产业剩余价值的扣除，这就是，商业部门以低于生产价格的价格从产业部门以批发形式购进商品，加上各项商业流通费用，再加绝对地租，构成社会生产价格，然后再按社会生产价格出售，既可支付地租，又可取得平均利润。服务业绝对地租则包含在服务业的服务价格之中，也是一部分利润的扣除。住宅的绝对地租则主要由消费者从个人收入中支付，实质上是工资收入的一部分。总之，城市绝对地租，有的来自于利润，有的来自于工资，和农业绝对地租有着根本的不同，这是由城市土地使用的不同特点所决定的，不能把城市绝对地租的来源与农业绝对地租的来源简单化地等同起来。这是城市绝对地租和农业绝对地租的不同特点。至于它们的共同之处是，在有土地所有权存在的条件下，所有权和使用权相分离，土地使用者必须向土地所有者交付地租，正如马克思说，“不论什么地方，都要为使用地皮(工厂建筑物、作坊等所占的地皮）付地租”[①]。不管什么土地，不管是好地还是坏地，不管土地位置属于什么等级，使用者都要付出绝对地租。这种绝对地租，不管是农业还是工商业，是农村还是城市，都是一样的。

城市绝对地租量的确定，是一个相当复杂的问题。土地所有者出租土地，首先要考虑面积的大小，通常以劣等土地确定绝对地租量，收取的绝对地租量总是与出租土地的面积大小成正比。如果出租土地的等级各异，就要对劣等地以上的等级土地加收不同的级差地租。在这里，有一个怎样确定城市劣等地的问题。这既是确定绝对地租量的基本问题，又是确定级差地租量的重要问题。任何土地都要交纳绝对地租，就是最劣的土地也要交纳绝对地租。但比劣等地较好的各级土地，就可在绝对地租的基础上，增加级差地租，但劣等地并不交纳级差地租。因此，确

① 《马克思恩格斯全集》第34卷，人民出版社2008年版，第34页。

定城市中的劣等地，就成为计算城市绝对地租和城市级差地租的起点和基础。如何确定城市的劣等地，也是一个相当复杂的问题。首先，不同行业对其用地位置的优劣有不同的评价标准。例如，交通运输条件是否便利，是判别工业用地优劣的重要标准；地区是否繁华，人口密集程度，是判别商业和经营服务行业用地优劣的重要标准；至于周围环境是否安静卫生，阳光是否充足，风景是否优美，空气是否新鲜，则是判别居民住宅用地优劣的重要标准。正是由于不同行业对用地有不同的要求，因而判别其用地就有不同的标准，从而产生不同土地位置优劣的不同含义，所谓劣等地就具有相对性。其次，城市的劣等地不是绝对不变的，而是随着城市的发展不断发生变化的。一般说来，城市土地大体可划分为中心地段、城乡交界的边缘地段、处于上述二者之间的中间地段，边缘地段应作城市的劣等地，只收城市绝对地租，而中心地段和中间地段，则在绝对地租的基础上加收级差地租。但是城市中心地段是随着经济、政治、文化、交通发达程度而不断发展的。如果说某一城市起初只有一个中心地区的话，随着政治经济文化交通的发展，可以产生几个中心区，或各具特色的不同中心，如商业中心、金融中心、文化中心、工业中心等等。因为原来作为中间地段的土地现在发展为中心地段，相应的，边缘地区也不断扩大，原来作为农业优等土地的近郊区现在则划入城市作为边缘地段的城市土地了。随着改革开放的发展，城市土地优劣的等级都不断变动。再次，以邻近农村的城市边缘地段的土地作为城市的劣等地，征收绝对地租，这种土地上的绝对地租量应与邻近的农村土地的全部地租量相等。因为这种邻近的农村土地，对农业来说，往往是肥沃的，位置也是较优越的，在这种土地上，既包括农业绝对地租，也包括农业级差地租。所以有人就认为："城市土地的绝对地租并不等于农业土地的绝对地租，而是包含农业土地的级差地租，这两个概念是不能混同的。"[①]当然，这是一个需要进一步研究的问题。但由此可以引申出另一个问题：城市绝对地租量的发展趋势如何？按上述观点，城市绝对地租等于郊区的农业土地的绝对地租加级差地租，这种城市绝对地租量显然较高，而

① 崔太康主编：《土地经济学》，中国广播电视出版社1991年版，第186页。

且还会不断增长；但也有些人认为："随着城市经济的发展，与级差地租的增长相对应，绝对地租会趋于缩小并呈零度增长"[①]。这种对发展趋势的不同估计，也是需要进一步研究的问题。

马克思指出："凡是存在地租的地方，都有级差地租，而且这种级差地租都遵循着和农业级差地租相同的规律。"[②] 在农业中，由土地肥沃程度不同和土地位置不同而产生的是级差地租的第一形式。由于城市不依赖土地生产产品，只使用土地作为生产、工作和生活的场所，土地肥沃程度对城市级差地租并不具有现实意义。但城市土地的位置，对城市级差地租的产生却是有决定性的影响。在城市中，由于历史上形成了城市中心区、繁华商业区，因而产生了位置和交通通信条件、人口、资金、物资、信息的密集程度及输出输入的频率等方面的差异，就会对不同企业带来不同的经营效果。有的位置较好的企业经营效果好，经济效益高，利润量多，在投资和经营管理等条件相同的情况下，这种较多的利润或超额利润就会表现为土地的级差收益，从而转化为级差地租。可见，对城市较优土地的经营垄断，是城市土地级差收益产生的原因，而城市土地的国家所有权，则是土地级差收益转化为级差地租的条件，由劳动者剩余劳动（甚至一部分必要劳动）创造的超额利润（甚至一部分工资）则是城市级差地租产生的源泉。

不同行业对土地位置有着不同的要求。例如，服务行业的营业收入与所处位置的关系很大。位于繁华街道的店铺和人口密集的地区，处于市文化中心、名胜古迹、旅游风景区、离火车站汽车站较近的旅馆、饭店、出租汽车场地，与其他地段同行业服务部门相比，具有顾客较多生意兴隆的优越性，因而营业收入较多，有一定数量的超额利润，这部分超额利润是由土地位置带来的，因而转化为级差地租。不仅如此，即使在同一行业中，对土地位置也有着不同要求。如因住宅区位而产生的住宅地租，在一定程度上与居住者的个人需要、心理偏好有关。有些人愿意住在离工作单位较近的地区，上下班比较方便；有些人却愿意住在虽

① 张朝尊主编：《中国社会主义土地经济问题》，中国人民大学出版社 1991 年版，第 165 页。

② 《资本论》第 3 卷，人民出版社 2004 年版，第 874 页。

离工作单位较远，但交通条件较好、自然环境优美的地区；有些人则选择附近有幼儿园、中小学的地区；有些年轻人往往喜欢住在闹市区，购物、逛街、参加各种文化娱乐活动比较方便；中老年人则往往喜欢住在比较安静、空气新鲜、附近有园林可以散步、运动、锻炼身体的地区。因此住宅地段的优劣具有相对性。马克思指出："在房屋地皮租上，**位置**是级差地租的决定性因素，正像在农业地租上，土地肥力（和位置）是级差地租的决定性因素一样。"[①] 但是，随着城市建设的发展，城市面积在不断扩大，城市中心区域也不断发生变化。这进一步证明，城市土地位置的优劣具有相对性。

在农业中，由在同一块土地上连续追加投资所得的不同生产率而产生的级差地租，是级差地租的第二形式。城市级差地租有没有级差地租Ⅱ，这是学术界目前仍有较大分歧的争论问题。有人认为："社会主义城市级差地租的唯一形式是级差地租Ⅰ，严格意义的级差地租Ⅱ在城市中是不存在的。"[②] 也有人认为："关于城市级差地租Ⅱ，往往被人们忽视。……在城市中，不同位置的土地所产生的利润差额构成级差地租Ⅱ的实体，而唯有在位置较优的同一块土地上的连续追加投资，才能形成级差地租Ⅱ。"[③] 我认为，城市级差地租Ⅱ在客观上是存在的。城市基础设施是城市土地投资的重要方面，城市基础设施越是现代化，就能使企业取得较高的经济效益，而这就需要追加投资，建筑在一定土地面积上的企业也会因此取得级差收益。又如，追加投资，采用电子化的手段，改善经济管理，如在商业部门，就可加速商业资金的周转，取得超额利润，这种由周转速度不同而取得的超额利润的一部分，也可转化为城市级差地租的第二形式。再如，在较优的中心地区开设宾馆，在同一块土地面积上，建筑高层楼房，会增加更多的客房，增加更多的营业收入，这也是由追加投资而带来的更多的营业收入，和较优中心土地也有一定的关系。所以马克思说凡是有地租存在的地方都有级差地租，这种级差地租都遵循着和农业级差地租相同的规律。城市级差地租Ⅱ也不能例外。当然，这也是对城市地租中需要

---

① 《马克思恩格斯全集》第34卷，人民出版社2008年版，第430页。

② 赵怀顺、黄荣武主编：《城市土地制度改革研究》，四川人民出版社1990年版，第117页。

③ 张朝尊主编：《中国社会主义土地经济问题》，中国人民大学出版社1991年版，第92页。

进一步深入研究的问题。

城市级差地租量的计算，也是十分复杂但又极其重要的问题。现在已有不少地方在进行试点，这需要在实践中不断总结经验，创建数学模型，分别测算。目前学术界对级差地租定量分析的方法很多，但总的原则是，要从计算出的企业利润中，剔除资金和劳动投入等对企业利润的影响因素，计算出土地投入对企业利润的影响部分，这当然应建立在对城市土地分等定级的基础上。由于城市大小不同，分等定级也各异。但不管怎样，要测算城市级差地租量，其方法，既要简便易行，又要科学准确。这是难度极大的实际问题，需要花大力气进行研究，力争达到可操作性，以便得到基本准确的数据，供有关部门制定政策参考。

绝对地租和级差地租，是地租的基本形式，垄断地租则是地租的特殊形式。在农业中，由于某些土地具有的特殊自然条件，可以生产某种稀少而名贵的产品，在存在着商品经济和市场供求规律发生作用的情况下，这些产品价格就形成垄断价格。马克思说："这种垄断价格既不是由商品的生产价格决定，也不是由商品的价值决定，而是由购买者的需要和支付能力决定"[①]。垄断价格带来垄断利润，由于土地所有权关系，垄断利润转化为垄断地租。在社会主义城市中，垄断地租仍然存在。城市中心地段的土地总是有限的，远远不能满足城市经济发展的需要，致使这些地段上的建筑物取得了垄断价格的形态，可以高价出租，这就产生了城市垄断地租。由垄断价格带来垄断地租，是农业垄断地租和城市垄断地租的共同点，但二者也有差别。农业垄断地租是由出卖特殊产品中所包含的垄断超额利润转化而来的，这种超额利润包含在特殊产品中。城市垄断地租则不同，构成城市垄断地租的中心地段，往往是商业繁荣、文化发达的地方，由于商品流转快，资金利润率高，在实现商品价值时获得超额利润，从而转化为垄断地租。这就是说，这种垄断地租，不是由生产特殊稀有的珍贵产品带来的，而是由于土地位置的特殊优越，取得更多的经营利润带来的，它并不附着在特殊的某种农产品上，而是体

① 《资本论》第3卷，人民出版社2004年版，第864页。

现在通过大量的一般商品的销售带来更多的利润上。可见，社会主义城市垄断地租的来源，主要是经营性的垄断超额利润的转化。城市垄断地租是由地理位置的特殊性决定的，而不是由特殊自然条件的土地所生产的特殊产品所决定的，它虽然不以商品价值和生产价格为依据，但仍然是依据市场供求关系和价格作用所产生的结果。至于城市垄断地租量的发展趋势，有人认为“垄断地租在城市地租总量中比重很小”①，也有人认为，随着城市经济的发展，城市中心用地日益紧缺，会不断出现垄断地租。② 这是需要通过调查进行实证分析的实际问题。至于如何确定城市的垄断地租量，主要根据市场商品价格水平和供求关系的变化程度，根据企业经营状况和同行业间的利润水平，当然也会关系到中心地段的土地利用情况。

马克思把由土地所有权带来的地租称为“真正的地租”，包括级差地租、绝对地租和垄断地租；真正的地租再加上土地资本的折旧和利息称为“广义的地租”，或称为“租金”，广义的地租是构成城市土地使用费的理论基础。马克思是把土地和土地资本，地租和租金严格区分着的。投入农业土地上的资本形成土地资本，表现为土地资本与土地相结合。这种土地资本与土地相结合的状况在城市中更加突出。在城市中，从平整土地起，建设基础工程，安装水电管道线路等，进行所谓“三通一平”或“七通一平”，无一不是土地资本的投入。正是由于社会主义城市的不断开发，几乎没有一块土地没有土地资金（本）的投入。由土地资金附着于土地物质并互相结合成为有机综合体，形成城市地产，由地产的使用而交纳的地租就不仅仅是真正的地租，而是广义的地租，即包括土地资金折旧和利息在内的租金。实行城市土地有偿使用，就是要对地产的使用付给一定的租金。因此，研究广义的地租中有关土地资金的构成、来源、使用以及分配等一系列问题，也是改革开放中需要研究的重要理论问题和实际问题。

社会主义地租和资本主义地租有其共同点和差别点，不能混为一谈；

---

① 曹振良等编著：《土地经济学概论》，南开大学出版社 1989 年版，第 185 页。

② 参阅赵怀顺、黄荣武主编：《城市土地制度改革研究》，四川人民出版社 1990 年版，第 119 页。

农业地租和城市地租也有其共同点和差别点，也不能完全混为一谈。中国目前对社会主义城市地租的研究，尚处于初期阶段。认真研究社会主义城市地租的理论及其运动规律，用以制定有关政策，是深化改革，促进开放，发展城市土地市场，指导城市土地有偿使用中的一个重要课题。

第二章

城市地租的特性

城市地租和农业地租相比较，有共同性也有特殊性。地租是土地所有权借以实现的经济形式，只要存在着土地所有权，存在着土地所有权和土地使用权的分离，在商品经济条件下，土地所有权的经济形式必然表现为地租。级差地租和绝对地租是地租的基本形式，地租运动规律是价值规律在土地经济运动过程中迂回表现的具体形式，不仅资本主义有农业地租和城市地租，社会主义同样存在着农业地租和城市地租，这是地租的共性，或称之为一般性。但一般寓于特殊之中，共性寓于特性之中，离开了个性就无所谓共性，离开了一般也无法发现其特殊。如果我们以城市地租和农业地租相比，就可看出城市地租具有与农业地租不同的特殊性。这种特殊性可归纳为以下几点。

一、由于城市和农村对土地的利用不同，城市地租不直接包含在土地产品中

在农业中，“土地本身是作为生产工具起作用的”[①]。各种农作物首先在土地上播种，通过土地的自然作用，然后生根发芽、开花结果，生长出各种农作物。由于各种农作物都是在土地上生长出来的，所以古典经济学称“土地是财富之母”。这种由土地上生长出来的各种农产品，马克思称之为“土地产品”。这些土地产品使用价值的形成，离不开土地的自

① 《资本论》第3卷，人民出版社2004年版，第882—883页。

然生产力。包含在土地产品中的价值，当然来自农业劳动者的劳动。在发达的商品经济条件下，土地产品（即农产品）的市场价格，按照价值转化为生产价格而实现。由于优等地农产品的个别生产价格低于社会生产价格的差额而形成的超额利润，转化为级差地租，由于农业有机构成低于工业使得农产品的价值高于社会生产价格的部分而形成的超额利润，转化为绝对地租，可见，地租直接包含在土地产品的价值之中，和土地、土地产品密不可分。城市则不同，土地是“作为地基，作为场地，作为操作的空间基地发生作用”①。工厂利用土地建厂房，商店利用土地建营业大楼，机关单位利用土地建办公场所，居民利用土地营建住宅，马克思称之为“经营建筑物”，它们虽然扎根在土地中，建立在土地上，和农业上的灌溉工程很相似，但这些建筑物毕竟不是由土地中生长出来的，不须利用土地的自然肥力。这些土地上的建筑物，不能称为土地产品，因而城市地租不能简单地说包含在这些建筑物中。城市各行各业都有，是个大社会。城市地租虽然仍然要由超额利润转化而来，但其来源渠道和直接来自于农产品的价值不同。以工业而论，工业利用土地建厂房，土地是工业劳动者的劳动场所，他们利用机器设备和各种原材料，经过生产过程，生产出产品来，这些工业品虽然不是由土地直接生产出来，不依赖于土地的自然肥力，它所包含的价值是对象化劳动（生产资料）的转移和活劳动新创造的价值，但由于土地是劳动的必要条件，因此在新创造的价值中，除工资、利润外，还应包括地租。这种城市地租就直接包含在工业产品中（并不是包含在工厂的厂房里）。以商业而论，商业不生产产品，只是经营商品，实现商品的买卖活动，只是从商品生产者那里把商品批发出来然后再卖出去，从而取得商业利润，按照马克思的观点，商业利润是生产工人新创造价值的一部分转化而来的，但商业为了经营，也必须在土地上营建房屋，土地也是商业经营的必要条件，但商业利润并不是通过这些房屋本身来实现，而是以这些房屋为条件，利用这些房屋来经营商品，从而取得商业利润的。城市商业地租包含在商业利润中，这种商业利润，既包含平均利润，也包括超额利润。可见商

① 《资本论》第3卷，人民出版社2004年版，第883页。

业利润既不是包含在土地产品中，也不是包含在他们生产的商品中（因为他们与工业不同，不生产商品），而是包含在所经营的商品中。以居民住宅而论，他们为了生活、休息，必须在土地上建造住宅，这些住宅作为商品买卖，属于房地产经营范围，是另一回事，暂且不论，如仅作为住宅使用来说，它是居民生活的必需消费，为了住房必须交房租，地租也包括在房租中，这种城市地租只是由劳动力价值的部分补偿支付，即作为工资的一部分来支出，可见，这种城市地租是由工资的一部分转化而来的。上述情况都说明，由于城市和农业对土地的利用不同，因而城市地租不直接包含在土地产品中，而是因行业不同形成不同地租的来源渠道，这就是城市地租和农业地租相区别的特殊性之一。

二、农业地租主要由自然条件的差异引起，城市地租主要由社会条件引起

在农业中对土地的利用，主要依赖于自然条件，虽然天然的荒地必须经过开发，投入劳动，才能进行种植，但自然土地的肥力，对农作物的生长和农产品的质量和数量，都有着决定作用。在农业中虽也要投入土地资本，如修建水渠等蓄水、排水设施，进行所谓“永久性改良”[①]，但这只是改变农作物的生长条件，而大量的农作物生长仍须依赖于土地的“自然物质”本身。城市则不同，城市使用的土地，主要来源于社会条件，即依赖于土地资本的投入。作为政治经济文化中心的城市，并不是由土地本身自然形成的，而是人们在一定土地面积上进行建设、加工改造的结果。如果在一片荒地上或农地上，不通路、不通电、不通水，杂草丛生，坑洼不平，只是建筑几幢房屋，既不能作工厂，也不能作商店，既不能办公，也不能住宿，这种土地不能形成城市土地的功能，当然不能在其上建设一座现代化的城市。要使自然物质的土地成为具有城市总体功能的土地，必须进行开发。对土地进行城市利用的第一次开发，

---

① 《资本论》第3卷，人民出版社2004年版，第843页。

即变荒地、农业用地为城市用地，就要兴建道路、桥梁、涵洞、供电供水等管道，平整土地，建立排污、排渍、交通道路等基础设施，这些基础设施，是由于投入土地资本，改良原有状态的土地，使其适合于城市建设的需要，有助于城市整体功能的形成和发挥，这完全依赖于对土地的投资，使土地资本与土地物质相结合并融为一体，成为土地的改良物。这种城市土地，虽然仍然作为地而起作用，但并不是作为一般的地，而是作为具有城市功能的地而起作用，这完全是由于人们进行改造的结果，是由社会条件形成的。从农业来说，土地的自然肥力和地理位置都可提供级差地租，但自然肥力起着决定作用。如从城市看，土地的自然性质仍然是衡量土地用途的因素，如作为港口的水深差异，旅游资源的分布和质量，作为建筑地基的土质松软等等，但不须利用土地生长土地产品，因而自然肥力不起决定性作用。相反，“位置在这里对级差地租具有决定性的影响”[①]。但是，城市土地的位置和农业土地的位置也有所不同。农业土地的位置主要视对市场远近距离而衡量其经济效益，基本上也是由自然条件形成的。城市土地位置因素基本上是人为的，如对城市统一规划，设立商业区、工业区、文化区、住宅区等，设立市中心区、次中心区、边缘地区、郊区等，这些不同区域，都是根据其经营特点，组织建立起来的。市中心区往往是商业区，在这里，商品销售量大，资金周转快，利润率高，同时人口密度及人口流动的规模和速度也很高。其所以形成商业区，因为在这里各种商业网点密集，饮食、服务业等第三产业大量发展，高层建筑林立，交通发达，这一切，都有赖于人们对中心区的投资。一个中心区的形成，往往是大量投资的积聚点。可见，城市土地功能，是人为地改造营建起来的；城市的不同区域，是人为地制定城市规划，进行大量投资，使资金积聚而产生的结果；由此而产生的城市地租，主要是由社会条件引起的。和农业地租主要来源于自然条件的差异不同，这就又形成城市地租的特性之一。

① 《资本论》第 3 卷，人民出版社 2004 年版，第 874 页。

三、城市地租与农业地租的来源不完全相同

李嘉图在价值规律的基础上无法说明农业绝对地租的来源，最后只好得出否定农业绝对地租存在的结论。马克思的功绩之一是，在价值规律的基础上阐明了农业绝对地租的来源。他指出，由于各工业部门的资本有机构成有高有低，有机构成低的部门可以取得超额利润，但等量资本要求取得等量利润，这就引起各部门之间的竞争，发生资本转移，使利润率平均化，形成生产价格；由于有机构成低的部门价值超过生产价格的部分，已在社会平均化过程中转移到其他部门去了，因而工业中的这种超额利润，不会转化为绝对地租。农业则不同，农业有机构成低于工业，使农产品价值高于生产价格，但由于土地所有权存在，阻碍着非农业资本向农业转移，使得农产品能按照高于生产价格的价值出售，由这种农产品价值高于生产价格部分而形成的超额利润，转化为农业绝对地租。马克思是在假定工业无绝对地租的情况下来说明农业绝对地租的来源的。但马克思是否因此就否定工业绝对地租以至城市绝对地租的存在呢？并不是！马克思曾明确指出一切非农业用地都要交纳绝对地租。他说："一方面，土地为了再生产或采掘的目的而被利用；另一方面，空间是一切生产和一切人类活动的要素。从这两个方面，土地所有权都要求得到它的贡赋。"① 前一方面指的是农业和采掘工业的土地，后一方面指的是加工工业、商业、服务业、住宅等所利用的土地，只要土地所有权存在，都要他们因使用土地而交纳地租。马克思又说："不论什么地方，都要为使用地皮（工厂建筑物、作坊所占的地皮）付地租。"② "土地所有权的恰当表现，是绝对地租。"③ 这就是说，只要土地所有权存在，租赁任何土地，都必须支付绝对地租，工业是如此，城市其他行业也是如此，可见，马克思肯定了城市绝对地租的存在。可惜马克思对此并未

---

① 《资本论》第3卷，人民出版社2004年版，第875页。

② 《马克思恩格斯全集》第34卷，人民出版社2008年版，第34页。

③ 《马克思恩格斯全集》第34卷，人民出版社2008年版，第371页。

作出系统而具体的分析。我们研究城市绝对地租，当然不能把马克思农业绝对地租的理论硬套到城市中来。那么，城市绝对地租的来源究竟何在？学术界对此有不同认识，有人认为："城镇土地属于非农业利用，因而绝对地租的来源已不是农产品价值与生产价格的差额，而是土地产品超额利润转化形成的，是从其他部门剩余价值中转化过来的。"[①] 如果这里的土地产品是指农产品的超额利润转入工业，则农业绝对地租如何说明？如把城市建筑物也称为"土地产品"，即 A 企业的超额利润转移到 B 企业，那不是和马克思所说的，工业有机构成低的企业取得超额利润，只是暂时现象，只能导致利润率平均化，不可能转化为绝对地租的观点相矛盾嘛。可见，由其他部门的剩余价值转化而来的观点是缺乏说服力的。也有人认为：在有机构成都相等的条件下，所有部门的绝对地租，"这只是社会平均利润的扣除"[②]。把绝对地租看作是"一切部门所共有的现象"是完全正确的，但作为平均利润的扣除似乎很难理解。我认为，商品价值分为三部分，即 c＋v＋m，c 是生产资料部分的价值，v 是劳动者新创造的相当于工资部分的价值，m 是劳动者在剩余劳动时间创造的剩余产品的价值，c＋v称为成本，m 称为利润，商品价值也可说是成本加利润，如把地租考虑进来，即在剩余产品价值的 m 部分（不只是平均利润），应先扣去地租（绝对地租与级差地租），然后再参加利润率的平均化，最后求得平均利润。这就是说，地租是必要的土地贡赋，虽然不能进入成本，但在竞争使利润平均化之前必先扣除，使竞争者具有平等条件，再来参加平均利润的竞争。这样，不是地租在平均利润中扣除，而是在平均利润形成以前扣除。对于工业是如此；至于商业等第三产业，则在商业利润中先扣除地租，然后再形成商业平均利润；而居民住宅，如本章第一点所说，则是由工资的一部分，即 v 中扣除。可见，城市绝对地租的来源与农业绝对地租的来源是不同的，这也是城市地租因城市的特殊条件而形成的特性之一。

---

① 毕宝德主编：《土地经济学》，中国人民大学出版社 1991 年版，第 415 页。

② 参见《不动产纵横》1992 年 6 月，第 40 页。

四、城市地租往往包含在房租中，由此会出现城市土地投机

由于在农业中土地要作为生产手段起作用，在进行买卖租赁时主要是土地本身。而城市土地的作用是："它给劳动者提供立足之地，给他的劳动过程提供活动场所。"[①] 因此，必须在地上建造房屋，才能对土地进行利用。土地是房屋的载体，房屋是土地上的建筑物，因而城市地产往往与房产结合在一起，地价与房价往往结合在一起，地租与房租往往结合在一起，具有不可分割的特点。人们习惯地称为房地产，就是从它们密切联系、难以分割的实际情况出发的。人们在进行房屋买卖、出租和抵押等房产交易活动时，必然相应地对土地所有权或使用权进行转让、出租和抵押。一方面，地租、地价的变动会影响到房价和房租；另一方面，房价、房租的变动也会影响地价和地租。这里比较突出的问题是，高额房租掩盖着高额地租。例如，保定火车站前某运输公司出租房屋 17 间 220 平方米，每年每平方米收到租金 1200～1500 元。其中除因建房投资应收折旧费和投资的利息外，大量的是城市地租。折旧和利息部分基本上是相对固定的，而高额地租是包含在高额房租中，被房租所掩盖。其实，这部分高额地租应有相当部分交给土地所有者。可是中国过去在土地无偿使用的情况下，这些高额地租却都落在土地使用者的口袋里。正是因为房租掩盖了高额地租，使土地所有权不能在经济上得以实现。其次，突出的另一问题是，伴随着房地产的开发，进行土地投机。马克思指出："建筑投机的真正主要对象是地租，而不是房屋。"[②] 因为"建筑本身的利润是极小的；建筑业主的主要利润，是通过提高地租、巧妙地选择和利用建筑地点而取得的"[③]。他引用了 1857 年伦敦一个大建筑投机家爱德华·卡普斯的自传说："他租用一块地皮，每年付租 300 镑；当他

---

① 《资本论》第 1 卷，人民出版社 2004 年版，第 211 页。

② 《资本论》第 3 卷，人民出版社 2004 年版，第 875—876 页。

③ 《资本论》第 2 卷，人民出版社 2004 年版，第 261 页。

按照精密的建筑计划，在这块地皮上面建筑起适当等级的房屋时，他每年就能由此得到400镑或450镑，而他的利润与其说来源于在许多情况下他几乎完全不加考虑的建筑物利润，不如说来源于每年增加100镑或150镑的地租。”① 这是一个多世纪以前英国的情况，说明了经营房地产开发，攫取了高额地租，为土地使用者所占有。在中国城市土地二级市场上，也曾出现过“炒卖地皮”，进行土地投机现象。例如，据《解放日报》1989年1月17日载：“上海某工程承包公司等五个单位用非法转让建筑地块的手段，在五个月中使13.5亩土地六易其主，致使所建的商品房造价从400元/平方米，暴涨到895元/平方米，非法牟利560多万元。”可见，土地投机者靠买卖城市土地使用权（有时包括房屋在内的房屋所有权），将一部分本应归于国家或社会的城市土地增殖收益占为己有，从中牟取暴利。只要有土地市场，就会有土地转移，也就不可避免地产生土地投机。可见，城市地租的又一特点是，地租包含在房租中，高额地租往往为高额房租所掩盖；在经营房地产时，往往会出现城市土地投机。

---

① 《资本论》第3卷，人民出版社2004年版，第876页。

第 三 章

社会主义城市绝对地租*

社会主义条件下是否存在城市绝对地租，是国内外学术界长期争论的一个理论问题，也是我国改革开放面临的一个实践问题。本章拟着重讨论社会主义城市绝对地租存在的必然性、来源及其量的确定。

一、社会主义城市绝对地租产生的原因和条件

一种意见认为，社会主义城市只有级差地租，不存在绝对地租。另一种意见认为，由于社会主义城市还存在着土地所有权，因而还存在着绝对地租。我认为，前一种意见是值得商榷的，后一种意见是对的，但对社会主义绝对地租存在的原因、条件至今论证不够充分，需要继续进行全面系统和深入的研究。

马克思在《资本论》中指出："不论地租的特殊形式是怎样的，它的一切类型有一个共同点：地租的占有是土地所有权借以实现的经济形式，而地租又是以土地所有权，以某些个人对于某些地块的所有权为前提。土地所有者可以是代表共同体的个人"①。这就是说，由于土地所有权存在，又需要以经济形式来表现自己时，地租就可能出现。这是各种不同地租形式的共同点。在封建社会，存在着封建土地私有制，地主把土地租给农民耕种，农民必须交纳地租，这就是封建地租。封建地租体现着

---

* 本章内容曾以《社会主义城市绝对地租》为题，刊于《中国社会科学》1993年第1期。

① 《资本论》第3卷，人民出版社2004年版，第714页。

地主与农民的经济关系。在资本主义社会，经营农业的资本家向土地所有者租入土地，雇佣农业工人耕种，把地租交给土地所有者，这就是资本主义地租。资本主义地租体现着资本主义农业中土地所有者、农业资本家和农业工人之间的关系。在社会主义初级阶段的中国，土地为国家所有和集体所有，不论在农村还是在城市，使用公有土地，也需交纳地租，这就是社会主义地租。社会主义地租体现着国家、集体或企业、劳动者之间的关系。由此可见，不同社会的土地所有制，需要以不同的经济形式来实现自己，从而产生不同性质的地租，反映不同性质的生产关系。地租是土地所有权在经济上的实现形式，这是一切地租的共同点。

土地所有权要在经济上实现，必须以土地所有权和使用权相分离为前提。如果自己既是土地所有者又是土地使用者，没有必要自己向自己交租。但对所有权和使用权的分离也不能绝对化地理解，不能说发生两权分离一定会产生地租。这里有两种情况：一是土地所有者把土地使用权在一定时期内无偿地借给或转让给他人，这时土地所有权在经济上无所体现，就不可能产生地租。在中国旧的经济体制下，无偿使用公有土地是很平常的事情。一是土地所有者把土地使用权在一定时期内有偿地出租给承租人，向承租人收取一定的租金，在这种情况下，所有权就会在经济上实现。可见，笼统地说所有权与使用权分离会产生地租还不够，还需在两权分离的条件下采取有偿使用的租赁形式。土地租赁关系是产生地租的客观基础，地租则是土地租赁关系在经济上的实现形式。

人们一般认为：由于土地所有权和使用权分离，土地所有权在经济上的实现即会产生地租。我认为，仅作这样的理解还不够。在两权分离条件下，所有权在经济上实现自己，除了有租赁关系外，还必须有产生地租所必备的客观经济条件。在资本主义社会，这种经济条件是资本主义商品经济；在中国社会主义现阶段，这种经济条件是社会主义商品经济。对这点人们常常忽视。马克思早就指出："只有在商品生产的基础上，确切地说，只有在资本主义生产的基础上，地租才能作为货币地租发展起来，并且按照农业生产变为商品生产的程度而发展起来"①。这里

① 《资本论》第3卷，人民出版社2004年版，第718页。

所说的“货币地租”，包括资本主义的绝对地租和级差地租。只有在资本主义商品经济发展的基础上，资本主义地租才得以发展；只有在资本主义农业中商品生产发展到一定程度，资本主义农业地租也才相应地发展到一定的程度；资本主义地租是与发达商品经济相联系的经济范畴，商品经济是资本主义地租产生的必要经济条件。为什么呢？这是由资本主义地租本身的性质决定的。即以绝对地租而论，马克思指出：由于资本主义农业有机构成低于工业，农产品价值高于社会生产价格，从而取得超额利润；但由于资本主义土地所有权的存在，阻碍资本自由地向农业转移，因而使这部分超额利润转化为绝对地租。我们知道，价值、价格、货币、利润、平均利润、生产价格、超额利润等等，都是商品经济的范畴，而平均利润和生产价格，又是商品经济充分发展的产物。如果没有商品经济的充分发展，没有资本主义自由竞争和资本主义市场体系的形成，没有价值、价格、生产价格、平均利润等一系列经济范畴，就不可能有资本主义绝对地租（级差地租是个别生产价格低于社会生产价格的差额，和绝对地租一样，同是商品经济条件下的产物）。可见，资本主义地租是资本主义商品经济充分发展的产物，反过来说，资本主义商品经济是资本主义地租的必要的客观经济条件。如果没有资本主义商品经济，就不可能有资本主义地租。

从社会主义初级阶段的中国的情况来说，不管是在农村还是在城市，虽然土地为国家所有和集体所有，并实现了所有权和使用权的分离，但长期以来建立的高度集中统一的计划经济的旧体制，使商品经济未得到充分发展且与部分产品经济并存，特别是由于对城市土地长期无偿使用，不存在土地租赁关系，当然也不需要由土地使用者向所有者交纳地租，由此引起了一些理论家们否认社会主义地租的存在。改革开放以来，随着商品经济的发展，中国逐步推行城市土地有偿使用制度，扩大对城市土地的成片开发，社会主义城市地租已是客观事实。由此可见，社会主义地租是社会主义商品经济条件下的产物，不仅如此，社会主义商品经济越发展，社会主义地租也随之发展。

论证商品经济和绝对地租之间的关系，曾经是马克思建立绝对地租理论取得突破性进展之所在。1862 年 8 月 9 日，马克思在致恩格斯的信中说：(1) 必须把绝对地租理论建立在不违反价值规律的基础上；(2) 应当尊重实践所证明的绝对地租的存在；(3) 必须把绝对地租和市场机制、价格机制、分配机制联系起来研究。[①] 在此信中，马克思还指出："当李嘉图举例说明这个问题时，他总是以或者不存在资本主义生产，或者（事实上或法律上）不存在土地私有制为前提，而问题正是要在这些东西存在的条件下来研究这个规律。"[②] 这里说的"资本主义生产"，指的是资本主义商品生产。马克思正是以资本主义商品经济作为绝对地租的前提，并由此出发建立起他的绝对地租理论的。实践证明，随着中国城市商品经济的迅速发展，市场机制、价格机制、分配机制逐渐形成并发生作用，社会主义城市绝对地租不仅是客观存在，而且正在随商品经济的发展而发展。有些人不承认有社会主义城市绝对地租，是无偿使用土地的旧体制造成的错觉。

认为不存在社会主义城市绝对地租的论据之一是："随着社会主义土地公有制的确立和土地所有者阶层的消失，绝对地租已失去其存在的社会基础。"这就是说，只有在私有制和土地所有者阶层存在的条件下才有城市绝对地租，在城市土地归国家所有，不存在土地所有者阶级的情况下，城市绝对地租就不再存在了。的确，马克思曾经说过："凡是土地私有制（事实上或法律上）不存在的地方，就不支付绝对地租。"[③] 我认为，马克思在这里所说的私有制特指资本主义的土地所有制；这里所说的"土地私有制不存在"，是指资本主义的土地所有制不存在。在马克思把地租确定为土地所有权在经济上的实现时，他说的所有权既适用于私有制，也适用于公有制。恩格斯说："消灭地产并不是消灭地租，而是把地租——虽然形式发生变化——转交给社会。"[④] 马克思也说："**土地所有权**

---

① 《马克思致恩格斯（1862 年 8 月 9 日）》，《马克思恩格斯〈资本论〉书信集》，人民出版社 1976 年版，第167—168 页。

② 《马克思致恩格斯（1862 年 8 月 9 日）》，《马克思恩格斯〈资本论〉书信集》，人民出版社 1976 年版，第 167 页。

③ 《马克思致恩格斯（1862 年 8 月 9 日）》，《马克思恩格斯〈资本论〉书信集》，人民出版社 1976 年版，第 166 页。

④ 《马克思恩格斯选集》第 3 卷，人民出版社 2012 年版，第 267 页。

本身已经产生地租。”[①] 如果把土地无偿租出去，就“意味着土地所有权被抽象掉，土地所有权被废除”[②]。如果社会一旦废除了所有权，地租（包括绝对地租和级差地租）就会消失。如果仅仅是废除了私有制，在公有制的土地所有权还存在的条件下，绝对地租仍然存在。绝对地租是在土地所有权存在的条件下，租种任何一块土地，即使是最差的土地，也必须交纳的地租。马克思曾经明确地指出：“土地所有权的恰当表现，是绝对地租。”[③] 如果说城市土地只有级差地租没有绝对地租，就是说，除了一部分土地交级差地租外，不提供级差地租的 A 级土地（劣等地）就不需要交纳绝对地租，也就是这种土地不需要交纳地租了。果真如此，就意味着城市土地所有权的废除。

上述观点的思想实质，在于混淆了资本主义地租和社会主义地租。资本主义地租是在私有制条件下，土地所有者剥削剩余价值的一部分。社会主义公有制消灭了土地所有者阶级，消灭了剥削，但仍然存在绝对地租，因为这里绝对地租和剥削没有内在的联系，而是反映着国家、企业、劳动者之间的合作关系。交纳地租是劳动者对社会所做的贡献，地租交给代表社会的政府统一用于社会主义建设事业的支出，纳入国民收入再分配的轨道。

认为不存在社会主义绝对地租的论据之二是：城市用地是由农业用地转化而来的。在转化过程中，城市用地者（如工商业）已一次性地将土地价格付给所有者了，在工商业者那里，以土地价格付出的“绝对地租是作为不变资本的一部分而存在着”，并逐步在运转中转移到新产品的成本中去，“经过一定年限而等于零”。因此，城市绝对地租就不存在了。这种看法值得商榷。（1）从理论上说，土地没有价值，土地价格是个不合理范畴，地价不过是地租资本化的表现。因此，土地价格是由对若干年地租一次性支付而形成的。尽管如此，却不能把土地价格等同于地租本身，更不能等同于绝对地租本身。（2）工商业者支付土地价格以后，即取得土地所有权，成为该土地的所有者，这时他既是土地所有者又是

---

① 《资本论》第 3 卷，人民出版社 2004 年版，第 854 页。

② 《资本论》第 3 卷，人民出版社 2004 年版，第 849 页。

③ 《马克思恩格斯全集》第 34 卷，人民出版社 2008 年版，第 371 页。

工商业者，或者说是在自有土地上经营的工商业者，照理应该收取地租(当然是自己向自己交纳地租)。一旦他不经营该企业时，即可将土地卖给别人，并理所当然地取得土地收益。如果相当于土地价格部分的价值已加入不变资本中，并逐步转移到新产品中去，从而相当于绝对地租部分的价值已不复存在，为什么他再出卖这块土地时还能得到土地的价格呢？(3) 不管个别工商业者如何将地价纳入成本，只要他作为该土地的所有者这一事实没有发生变化，其所有权的恰当表现仍是绝对地租，这时绝对地租既未因已被购买而不复存在，也没有作为不变资本的一部分转移到新产品中去。

认为不存在社会主义绝对地租的论据之三是："如果说城市土地也存在绝对地租，那就等于说，同一块土地具有两种甚至多种绝对地租（因为城市用地是由农业用地转化而来的)，这显然是悖理的。""城市土地中的绝对地租实际上就是农业土地中的绝对地租。"这种否认城市绝对地租的观点，实际是上面论点的进一步引申，就是说，工商业者已通过向农村购地的土地价格付出过绝对地租，如果再交城市绝对地租，岂不是一块土地收两种绝对地租吗？其实这没有什么不合理的，因为工商业者既然购买了土地所有权，自然有权索取绝对地租，否则工商业者的土地所有权就等于虚构。至于该块土地过去作农业经营时已付过绝对地租，现在作工商业经营再付绝对地租，出现一块土地付两种地租现象，这也是完全合理的，因为只要有土地所有权存在，过去、现在和将来，不论谁经营土地和经营什么产业，都要由使用者向所有者支付绝对地租。这里问题的关键在于：上述论点把土地价格是地租的购买价格，作了绝对化的理解，土地价格购买的是土地所有权（在中国，城市土地有偿转让，只是转让一定年限内的土地使用权，国家对土地的所有权不变)，不宜全部计入不变资本，并认定它已经转移到产品成本中去，只能把它看作由土地所有者收取的绝对地租。因此，既不能说城市土地的绝对地租实际上就是农业土地中的绝对地租，也不能说城市土地不存在绝对地租。

总之，在中国社会主义市场经济的条件下，由于土地所有权与使用权相分离，绝对地租仍是国家对城市土地所有权经济上的实现形式。也就是说，使用城市土地的租赁者，必须向城市土地所有者——国家支付绝对地租。

二、城市绝对地租的来源

古典学派集大成者李嘉图只承认有级差地租，不承认有绝对地租。他认为，商品的费用价格（生产价格）和价值是同一的，如果承认绝对地租的存在，就会违反价值规律。而马克思却说："我必须从理论上证明的唯一的一点，是绝对地租在不违反价值规律的情况下的可能性。这是从重农学派起直到现在的理论论战的中心点。李嘉图否认这种可能性；我断定有这种可能性。"① 那么，马克思是怎样在价值规律的基础上，解决农业绝对地租来源问题的呢？他是从当时农业技术装备水平低于工业、农业有机构成低于社会资本的平均有机构成出发的，根据平均利润和生产价格理论，确认在农业中，由于土地所有权对土地的垄断，限制着资本的自由转移，阻碍着利润率平均化，因而任何人要想投资于农业，都必须向土地所有者租赁土地交纳地租，由此造成农产品的市场价格必须按照高于生产价格的价值出售，使农产品价值高于生产价格的余额形成超额利润，并转化为绝对地租。这就是马克思关于资本主义农业中绝对地租来源的理论。但是农业有机构成低是由农业生产力较低的水平决定的，当农业生产力的发展使工农业资本有机构成相等时，价值就会等于生产价格，这时农业绝对地租则来自农产品的"市场价格超过价值和生产价格的余额"②，即来自于农产品的垄断价格。

有人把马克思关于农业地租的规律支配着非农业地租的论述，套到社会主义城市绝对地租上来，简单化地否定社会主义城市绝对地租的存在。我认为这是不妥的。(1) 马克思的上述分析，是以假定农业之外的其他部门（包括工业部门）不支付地租为前提的，因而在马克思的分析中，工业部门产品按照生产价格出售，不提供超额利润，不转化为绝对

---

① 《马克思致恩格斯（1862 年 8 月 9 日）》，《马克思恩格斯〈资本论〉书信集》，人民出版社 1976 年版，第 167 页。

② 《资本论》第 3 卷，人民出版社 2004 年版，第 865 页。陈征《分清两种意义上的绝对地租》一文对此专门论及，见《学术月刊》1982 年第 6 期。

地租。马克思之所以要作这种假定，目的在于说明农业资本不参与工业利润平均化和土地所有权在地租形成中的作用。不能因此认为马克思在当时就否认城市绝对地租的存在。事实上，马克思在阐述土地所有者凭借土地所有权能够攫取剩余价值超过平均利润的余额，阻止它进入利润平均化过程时就说过："这部分剩余价值，甚至在每个工业企业中也被拦截，因为不论什么地方，都要为使用地皮（工厂建筑物、作坊等所占的地皮）付地租，因为即使在可以完全自由占用土地的地方，也只有多少是人口稠密和交通发达的地点才建立工厂。"[①] 这说明他认为不论在什么地方使用地皮都要付地租。只不过，马克思虽承认工业中有地租存在，却并没有阐明工业中绝对地租的来源，特别是没有阐明社会主义条件下工业地租的来源。(2) 能不能把马克思关于工农业有机构成相等条件下绝对地租来自于农产品的垄断价格的观点，套到社会主义城市绝对地租中来呢？我认为不能。在农业中，土地是农产品的直接生产要素，任何农产品都要通过土地生长出来，农业劳动者通过土地的传导，使劳动创造的新价值包含在农产品之中，作为价值实体的绝对地租部分，也必须包含在农产品之中，因而农产品价值的有关部分成为绝对地租的来源。城市土地则不同，它不是作为生产的直接要素，主要是利用一定空间作为城市经济活动和生产活动的基本场所，是城市居民借以工作、生活和生存的物质条件，不可能直接通过土地生产产品而体现其价值。城市土地的用途不一，情况复杂，有的是生产商品的场所（如工业），有的是营销商品的市场（如商业），有的用于服务业行业经营（如服务业），有的是非营业性单位（如机关和事业单位），有的是居民住宅等等，因而不能用农产品价值大于生产价格的理论生搬硬套，必须从城市用地不同的实际情况出发，通过具体分析来探索城市绝对地租的来源。

研究社会主义城市绝对地租的来源，须遵循下列原则：(1) 在存在所有权问题的条件下，使用城市土地都须支付绝对地租；(2) 符合价值规律的要求；(3) 从城市的实际情况出发，由实践家和统计学家来说明绝对地租的存在。

---

① 《马克思恩格斯全集》第 34 卷，人民出版社 2008 年版，第 34 页。

城市用地存在多种形式，因不同用途所起的作用不同，因而它们支付的绝对地租的来源也不同。大体可分为四类，即工业生产用地、商业和服务业经营用地、非营业性单位用地、居民住宅用地。这四类用地的绝对地租之和，构成城市绝对地租总额。

1. 城市工业绝对地租的来源。

工业包括采掘工业和加工工业，因而区分为采掘工业绝对地租和加工工业绝对地租。采掘工业地租即矿山地租。“真正的矿山地租的决定方法，和农业地租是完全一样的。”[①] 因为土地中蕴藏的矿物质是采掘的劳动对象，构成直接生产要素，是生产过程的内部条件，不管矿藏贫富，位置好坏，要进行开采，必须交纳绝对地租。这种绝对地租的来源，应是对平均利润以上的利润部分的扣除。对加工工业的绝对地租，应在有机构成正常的条件下进行分析。如果在利润平均化以后提取一部分利润作为地租，就会导致工业平均利润低于农业平均利润，形成不同的平均利润率，从而违背了平均利润和生产价格理论。因此，可采取先扣除后平均的办法，即在工业产品的剩余产品价值中，先把绝对地租作为一项扣除固定下来，然后再参加利润的平均化。这样，工业产品的价值，应由生产资料（c）、工资（v）、绝对地租（r）、平均利润（p）四个部分组成，这和利润分割为利息和企业主收入一样，把剩余产品价值分割为企业利润与绝对地租。可见，加工工业的绝对地租，是该产业工人新创造的剩余产品价值的一部分。

2. 城市商业绝对地租的来源。

商业企业须为使用商业楼宇、商场、贸易市场、货栈、仓库等场地，支付商业绝对地租。一般地说，商业属于非物质生产部门，其任务是实现商品形态的变化，进行买卖活动，并为此支付商业流通费用。商业流通费用和商业利润，都由产业部门创造的剩余产品价值来补偿，为商业经营活动而必须支付的商业绝对地租则须从商业利润中扣除。其具体过程是，商业企业以低于生产价格的批发价格从产业部门购进商品，加上各项商业流通费用，再加上商业绝对地租和商业平均利润，形成现实生

① 《资本论》第3卷，人民出版社2004年版，第876页。

产价格，然后在市场上按照现实生产价格出售。可见，商业绝对地租仍然是剩余产品价值的一部分，但不是商业部门直接创造的，而是由产业部门劳动者创造后转移过来的。

3. 城市服务业绝对地租的来源。

城市服务业范围很广泛，如金融、物流、教育、医疗、餐饮、住宿、零售、通讯服务、维修服务等，其中有些属物质生产部门，如餐饮；有些是物质生产的前部门、后部门，如维修服务；有些是非物质生产部门，其“产品”是无形的，如通讯服务。这些行业用地的绝对地租，属于物质生产部门的应采取先扣除后平均的办法，从剩余产品价值中分割出一定部分；属于非物质生产部门的应与商业绝对地租来源相同，从利润中扣除。

4. 银行保险业绝对地租的来源。

银行、保险业与商业一样，均不创造产品及其价值，其利润来自存、贷款利息之差。在这个差额中，先扣除各项流通费用，然后支付其建筑地段的绝对地租，余下的才是银行、保险业的利润。银行、保险业绝对地租的扣除方式和商业有所不同，但归根结底仍然来源于工农业生产部门创造的剩余产品价值。

5. 居民住宅用地绝对地租的来源。

建筑居民住宅用地，也必须支付绝对地租。住宅绝对地租是房租的一部分。住宅属个人消费品，是实现劳动力再生产的必要条件，住宅地租应由消费者从个人收入中支付，源于必要劳动部分所创造的价值部分。

此外，城市政府机关、部队、学校、文化团体等单位的用地，从理论上说应该是有偿的，应交绝对地租。但这些单位是非生产部门，其经费靠国家财政拨款，如要交地租，则最终要由纳税人负担，目前，这方面的改革尚未出台。

上述各部分绝对地租之和，构成城市绝对地租总额。虽然各个部门的绝对地租的来源不同，但从总体上看大都来源于社会总剩余产品价值的一定部分，只有住宅绝对地租才是工资部分的扣除。因此，商品价值构成可用下面的公式表示：

$$W=c+v+m/(\overline{p}+r)$$

W——商品价值，c——生产资料价值，v——工资，m——剩余产品价值，$\overline{p}$——企业平均利润，r——绝对地租。由此而来的是，平均利润率（$\overline{p'}$）的计算公式，就不再是$\overline{p'}=\frac{m}{c+v}$，而是$\overline{p'}=\frac{m-r}{c+v}$。即不是$\frac{\text{社会 m 量}}{\text{社会资金量}}$，而是$\frac{\text{社会 m 量}-\text{绝对地租量}}{\text{社会资金量}}$。一切产品的生产价格都包括三部分，即$B=k+r+\overline{p}$，B 代表生产价格，k 代表资金，r 代表绝对地租，$\overline{p}$代表平均利润。这样，$k=c+v$，相当于不变资本与可变资本之和；$r+\overline{p}$，相当于 m，即社会剩余产品价值；所以$k+r+\overline{p}=c+v+m$。也就是：社会生产价格总额，等于商品价值总额。

这样一来，商品按照把绝对地租包含在内的生产价格出售，既不违反价值规律，也符合中国当前的实际情况。

有人认为，在社会主义社会，城镇土地归国家所有，用绝对地租的形式对企业利润和工资进行扣除，不利于企业的发展。我认为不然。把地租作为经济杠杆，同价值、价格、利率、税收共同作为宏观调控的手段，有利于对城市土地进行经营管理，建立新的城市土地经济的运行机制；有利于维护和坚持社会主义土地公有制，理顺国家与企业的关系；有利于合理利用土地资源，提高土地使用效益，促进土地优化配置；有利于增加国家财政收入，扩大城市建设资金的来源；还可以运用地租这一经济杠杆，深化改革，扩大开放，调整社会主义生产关系和促进社会生产力发展。

三、城市绝对地租量的规定

农业绝对地租量由农业劣等土地支付的绝对地租量来确定，社会主义城市绝对地租量也要由城市劣等土地支付的绝对地租量来确定，但城市劣等地与农业劣等地有所不同。农业劣等地主要指土地贫瘠且又是边远高寒交通不便的山区，它生产的农产品产量很低。城市中的劣等地则是距离市中心繁华地段较远、交通通信条件较差、处于城市边缘的城乡接壤地带。一般说来，城市可划分为四个地段，即市中心区、次中心区、中间地区、边缘地区；也可划分为三个地段，即中心地段、边缘地段、处于二者之间的中间地段[①]。城市绝对地租量是由边缘地区的地租量决定的。一般地说，劣等地总是最后投入使用的，所以绝对地租量等于劣等地的边际收益。由于城市的土地使用者都必须支付绝对地租，而绝对地租量又是由劣等地的地租量来确定，土地所有者出租土地取得的绝对地租量，总是与出租土地面积大小成正比。如果出租土地的等级各异，就要对劣等地以上等级的土地加收不同的级差地租，也就是在绝对地租的基础上加收不同的级差地租。因此，城市中的劣等地，是计算城市绝对地租和级差地租的起点和基础。

不同行业对所用土地的优劣有不同的评价标准，因而城市劣等地有相对性。例如：交通运输条件是否便利，是判别工业用地优劣的特别重要的标准；地区繁华和人口密集程度，是判别商业和服务业用地优劣的特别重要的标准；环境安静、卫生、优美，阳光充足，空气新鲜，则是判别居民住宅用地优劣特别重要的标准。正是由于不同行业用地有不同的判别标准，从而产生不同含义的土地优劣等级。并且，城市的劣等地也不是一成不变的。某一城市起初可能只有一个中心地区，随着城市政治、经济、文化、交通的发展，则可能产生几个中心区，出现城市中心的多元化。多个中心也可能不是相互雷同的，而是各具特色的，如有商业中心、金融中心、文化中心、工业中心等等。城市中心的专业化，可能使得原来地段的性质发生变化。在中国，随着改革开放的迅速发展，新办工商企业不断增加，城市土地面积不断扩大，所谓城市劣等地也在不断发生变化。

我认为，以邻近农村的城市边缘地段的土地作为城市劣等地确定城市绝对地租量，这种绝对地租量应与邻近的农村土地的全部地租量相等。因为这些土地是从农村土地转化而来，对农业来说，土质较肥沃，位置较优越，原是农村中最好的土地，在这种土地上，既包括农业绝对地租，也包括农业级差地租，因而把城市土地的绝对地租量确定为邻近农村土

① 各级地段还可分为若干等级，那是级差地租所要研究的问题。

地地租量是合理的。这样确定城市绝对地租量，会大大高于农业绝对地租量。有人认为："城市土地的绝对地租并不等于农业土地的绝对地租，而是包含农业土地的级差地租，这两个概念是不能混同的。"① 如果仅从量的方面说，上述观点我是赞同的；但如作为"概念"，作为绝对地租范畴，城市绝对地租与农村绝对地租在质上还是相同的。

我认为，不能用资本主义农业绝对地租量的上限与下限，来界定社会主义城市绝对地租量的上限与下限。马克思说："地租究竟是等于价值和生产价格之间的全部差额，还是仅仅等于这个差额的一个或大或小的部分，这完全取决于供求状况和新耕种的土地面积。"② 这就是说，农产品价值是农业绝对地租量的上限，农产品的生产价格是农业绝对地租量的下限，农业绝对地租量究竟有多少，由供求状况决定在上限与下限之间的波动。社会主义城市绝对地租不是价值与生产价格之间的差额，因而不能机械地套用。社会主义城市绝对地租量也有上限和下限。其下限是不能小于郊区同等面积土地上支付的农业地租量。城市边缘土地对城市中心来说是劣等的，但邻近的农业土地对农业来说则是优等的，城市边缘土地又是从这种农业土地转化而来的，因而城市绝对地租量不能低于这种农业土地的地租量；另一方面，城市边缘土地兴办第二、第三产业，在单位面积土地上创造的价值和利润会远远大于农业，因而也完全有条件提供一定量的绝对地租。城市绝对地租量的上限，是不能大于土地使用者的全部超额利润，也就是要保证土地使用者能获得平均利润。在上限和下限之间，存在一定弹性，由供求状况来调节。如土地供应量不足，需求者却很多，绝对地租量就会向最高限上涨，反之即下降。这是从理论上说的绝对地租量运动的规律。

有人主张："在目前的条件下，只能参照历史情况，考虑目前各个城市的具体历史条件，确定一个最低限度的地租额，把它作为城市绝对地租。"③ 也有人主张，参考国家征用郊区农业用地而制定的征地补偿费原则，剔除其中非地价因素，以其中的征地补偿费、青苗及土地附着物的

---

① 崔太康主编：《土地经济学》，中国广播电视出版社 1991 年版，第 186 页。

② 《资本论》第 3 卷，人民出版社 2004 年版，第 862 页。

③ 张跃庆、张连城：《城市土地经济问题》，光明日报出版社 1990 年版，第 151 页。

补偿费、新菜地开发建设基金等，求出郊区土地的价格，然后以该地价乘以银行利率，得出郊区土地的农业地租额，作为匡算城市绝对地租量的参考数值①。还有一种意见是，采取定性和定量相结合的办法，先划定城市土地等级，然后收集资料，进行抽样调查，试以商业为对象，测算出各商业网点的单位面积（m^2）平均利润值，剔除资金占有量带来的超额利润，修正单位面积平均利润值，然后根据校正后的资金利润值，选择数学模式，求出各土地等级的地租，其中最差等级的地租即为绝对地租。这几种主张，各有一定的道理。不过，我认为在计算城市绝对地租量时，还应该注意地区差异、市际差异。商品发达的城市与不发达的城市，大、中、小城市使用同样的土地提供的利润差异很大，相应的绝对地租量也应不同。

城市绝对地租量的发展趋势如何？是逐步上升还是不断下降？目前学术界见仁见智。有人根据马克思说的“在正常条件下，绝对地租也只能是微小的”②，认为随着城市经济的发展，“绝对地租会趋于缩小并呈零度增长”。也有人根据马克思说的“不仅人口的增加，以及随之而来的住房需要的增大……都必然会提高建筑地段的地租”③，认为社会主义城市绝对地租有不断提高的趋势④。我认为上述“绝对地租也只能是微小的”等引文，是就农业地租而言，随着科学技术在农业生产中的应用，生产力迅速发展，投入农业的土地资本不断增加，农业劳动生产率不断提高，单位面积产量增加，级差地租不断扩大，绝对地租也就相对地缩小。至于城市地租水平，则是和城市经济发展水平相适应的。马克思说过：“地租的量完全不是由地租获得者的参与所决定的，而是由他没有参与、和他无关的社会劳动的发展决定的。”⑤ 由于城市经济的发展，社会劳动的发展，劳动生产率提高，经济效益提高，每平方米土地的生产率提高，营业额提高，相应于土地要素所得的超额利润或平均利润也提高，因而

① 周治平、陈章喜：《城市土地经济运行》，广东高等教育出版社1990年版，第64页。郝寿义的文章亦用此法。

② 《资本论》第3卷，人民出版社2004年版，第872页。

③ 《资本论》第3卷，人民出版社2004年版，第875页。

④ 洪远朋：《浅析社会主义城市地租的形式及其有关问题》，《房地产经济》1985年第2期。

⑤ 《资本论》第3卷，人民出版社2004年版，第717页。

地租量也会提高。例如，从1959年至1979年的21年间，香港住宅用地成交价格增加87倍。1982年香港政府对位于中环路“交易广场”地段的批租，每平方米地价达355434港元。1987年又拍卖中环地区另一块土地，平均每平方米地价为400381港元。地价的突飞猛涨，是香港经济迅猛发展的必然结果。地价上涨，不仅标志着级差地租量的增加，也标志着绝对地租量的增加。我认为，随着城市经济发展对有限土地的需求不断增加，地价必然上涨，城市绝对地租量必然提高，这似乎是经济发展的客观必然。

第 四 章

社会主义城市级差地租*

一、社会主义城市级差地租产生的原因和条件

社会主义有没有级差地租？有没有城市级差地租？这是学术界长期争论的问题。有人认为实行社会主义土地公有制以后只存在土地级差收益，不存在级差地租。这种观点在城市土地无偿使用的情况下确有其客观基础。但是随着社会主义商品经济的发展和市场经济目标模式的确立，土地市场成为市场体系中的一个有机组成部分，已很少有人再否定级差地租的客观存在了。但分析社会主义级差地租存在的原因和条件，从理论上说还是完全必要的。一般地说，级差地租的产生有其物质条件和社会经济条件，城市级差地租当然也不例外。马克思研究农业级差地租时指出，土地的自然肥力、地理位置和追加投资所形成的不同生产率，是产生级差地租的物质条件。在城市，土地的自然肥力不起作用，“位置在这里对级差地租具有决定性的影响”①。在不同位置的地段追加投资会有不同的生产率，从而取得不同的级差收益。从经济条件看，由于社会主义还实行市场经济，不仅消费品和生产资料是商品，而且生产要素也都要以商品的形式进入市场，利用价值、价格、货币等经济范畴进行交易活动。也正是随着商品经济的发展和社会主义市场经济体制的建立，土

---

* 本章内容曾以《社会主义城市级差地租》为题，刊于《中国社会科学》1995 年第 1 期。

① 《资本论》第 3 卷，人民出版社 2004 年版，第 874 页。

地才有可能作为特殊商品进入市场，从而才具备了产生级差地租的客观经济条件。从社会条件看，虽然社会主义实现了城市土地公有制，但还须将土地分别交付不同企业或单位、居民使用，形成土地所有权和使用权的分离，而企业又都是独立经济核算、自负赢亏的经济实体。既然代表全民所有制的国家拥有对城市土地的所有权，就不应该允许任何经济实体无偿使用土地、独占由土地使用而带来的全部收益；而是要求城市土地的使用者，无论是国有企业还是非国有企业，在使用城巿土地时，将土地收益交给土地所有者，使各企业具有均等的土地使用条件，从而体现平等竞争原则。一方面，由于城市土地具有不可再生性、固定性、排他性等自然特征，土地使用者一旦具有土地的使用权，就会形成对土地经营权的垄断，加之不同地段可带来不同的级差收益，经营较好级别的土地就会取得超额利润；另一方面，由于城市土地为国家所有，又要求把这部分土地级差收益（不是由土地使用者改进经营管理而产生的收益）交给国家支配，使土地所有权在经济上得以实现，而这种实现在商品经济条件下又必须借助一定的价值形式，也就是转化为城市级差地租。可见，由于对城市土地经营权的垄断，取得级差收益；又由于对土地所有权的垄断，才使级差收益转化为级差地租。这种由土地所有权和使用权相分离而出现的对城市土地的出租和承租关系，不仅资本主义社会存在着，社会主义社会也仍然存在。恩格斯说过：“消灭地产并不是消灭地租，而是把地租——虽然形式发生变化——转交给社会。所以，由劳动人民实际占有全部劳动工具，决不排除保存租赁关系。”[①] 体现社会主义城市土地公有制经济实现形式的级差地租范畴，调节着城市土地所有者与使用者、使用者与使用者之间的经济利益关系，调节着城市土地经济关系中的各方面矛盾。同私有制条件下依靠土地所有权和经营权的垄断，无偿占有他人劳动的土地经济关系不同，由国家将土地使用者利用土地自然条件而带来的财富通过收入分配集中起来，然后再用于全社会，为全社会谋福利，这是社会主义城市级差地租的实质所在。

城市级差地租既然是土地使用过程中所形成的超额利润的转化形式，

---

① 《马克思恩格斯选集》第3卷，人民出版社2012年版，第267页。

就仍然表现为商品的社会生产价格超过个别生产价格的余额。从城市工业看，由占有较好土地进行生产而获得的级差收益，必然体现为较高的生产率，使所生产商品中的个别劳动低于社会必要劳动，个别价值低于社会价值；从城市商业看，占有较好地段能够实现较多的营业额，企业的纯粹流通费用就会低于普遍的平均水平，因而销售成本低于平均成本，个别成本与体现社会成本的市场价格之间就会出现差额，这也是个别劳动生产率高于社会劳动生产率平均水平的表现。由个别生产价格低于社会生产价格的差额所形成的超额利润转化为城市级差地租，是价值规律在城市土地经济领域中的特殊表现形式，这也就是城市级差地租规律。马克思说："凡是存在地租的地方，都有级差地租，而且这种级差地租都遵循着和农业级差地租相同的规律。"[①] 但由于城市与农业的具体条件还有差异，因而城市级差地租规律和农业级差地租规律相比除具有共同性外，还具有其独特的表现形式。例如：城市土地级差不依赖于土地自然肥力而是位置起着决定作用，城市土地级差主要不是由土地的自然因素形成，而是由对土地投资进行土地开发人为地形成。随着城市经济的发展，土地级差也在不断发生变化等等，这些特殊性说明城市级差地租规律的运动反映着城市土地经济关系的特点。长期以来，中国城市土地实行无偿使用政策，致使级差地租为城市土地使用者所占有，土地所有权形同虚设，这就不能利用城市级差地租规律来调节城市土地经济关系，造成土地使用效率低下，既不利于平等竞争，也不利于土地资源的合理利用。正确认识和利用城市级差地租规律，有利于合理配置城市土地资源，提高城市土地利用的经济效益，促使城市土地社会效益、经济效益和环境效益的统一，也有利于发展并完善城市土地市场。

二、城市级差地租的形式和特点

马克思把资本主义农业级差地租区分为两种形式，即级差地租Ⅰ和

① 《资本论》第3卷，人民出版社2004年版，第874页。

级差地租Ⅱ。级差地租Ⅰ是以等量资本投在面积相同的土地上，但由于土地自然肥力不同、所处位置不同产生超额利润，转化成为地租；级差地租Ⅱ是以等量资本连续投在同一块土地上，产生不同的生产率，取得超额利润而转化成为地租。那么城市级差地租有没有上述两种形式呢？与农业级差地租相比有哪些特点呢？

先看级差地租Ⅰ。在农业中，产生级差地租Ⅰ的因素有二，一是土地的肥力，二是土地的位置。由于土地的自然肥力而产生的超额利润，是把土地作为劳动手段形成的。各种农作物从播种在土地上那时起，经过生根发芽、开花结实，都是依赖于土地，由土壤中生长出来的，把这些农产品称作“土地产品”是完全合适的。农产品的使用价值的形成，离不开土地的这种自然生产力，因此，土地的自然肥力，直接影响到土地产品的数量和质量，从而产生级差地租Ⅰ。城市对土地的利用则完全不同，不是利用它来生产产品，而是利用其空间位置，使“它给劳动者提供立足之地，给他的劳动过程提供活动场所”[①]，如为工厂提供厂房，为商业提供营业大厦，为机关单位提供办公楼，为居民提供住宅等等。在这里，土地的好坏固然与各种建筑物的地基地质有关，但土地的自然肥力，对地面上的建筑物不会发生任何作用。地面上的建筑物不是由土地生长出来的，完全由人工造成，不能称为土地产品，不管是在肥沃的土地上还是在贫瘠的土地上建筑房屋，都不会因此产生差别，可见土地的自然肥力，对城市级差地租的形成不起作用。这是城市级差地租和农业级差地租的差别之一。至于土地位置，在农业中，由于土地位置的远近，直接影响到往返劳动时间的长短，而且种子、肥料和产品运输以及销售条件的方便与否，对农业级差地租的形成也都有一定作用。现代城市建立在社会化大生产的基础上，城市内部存在着复杂的社会分工体系，从事生产和经营活动的企业，无时无刻不在与外在空间进行联系，制约着这种联系的效率因素之一，便是城市土地的位置条件。位置在这里对级差地租具有决定性的作用。如果把同量资金投于商业，在市中心经营和在较差的地段经营，商品销售的营业额就不同，它们的经济效益也就

① 《资本论》第1卷，人民出版社2004年版，第211页。

大不相同。城市土地位置的相对差别，是产生城市土地使用过程中经济差别的自然基础。进一步来说，在商品经济条件下，城市工业企业的资金循环同时并存于生产阶段和流通阶段。企业必须购买原料，经过生产过程，然后把产品运往市场销售，这就要有一个运输过程，产品就是借助于从生产地运往销售地的空间中流通才转化为商品的，在这里，土地位置因素决定产地距离市场的远近，从而决定运输费用的大小。假定有两个相类似的企业，使用的资金和劳动相等，只是由于距离市场远近不同，前者较远，后者较近，后者比前者付出的运输费用则较少，在其他条件相同的情况下，这两个企业生产率的差别，等于由位置差异而引起的运输费用的差额，后者因此取得超额利润，并转化为级差地租（参见下表)。

工业地块	不同运输距离（千米）	产量（百件）	不计运费时的个别生产价格（元）	运费（元）	计入运费后的个别生产价格（元）	社会生产价格（元）	超额利润并转化为级差地租Ⅰ（元）
A	25	4	400	100	500	500	0
B	10	4	400	40	440	500	60
C	5	4	400	20	420	500	80

上述情况是由于土地位置远近引起的运输费用差别而产生的级差地租Ⅰ。如以商业为例，城市级差地租Ⅰ还可因土地位置差异使得资金流动速度加快而产生。“商品的销售市场和生产地点的距离，是使出售时间，从而使整个周转时间产生差别的一个经常性的原因。”① 处于市中心区的商业和次中心区的商业相比，每天销售商品的数最多，营业额高，资金流动速度快。资金周转速度越快，单位资金所获得的利润越多，该企业的利润率就越高。在其他条件相同时，位置条件不等的商业企业之间的年利润率的差别，等于它们之间用于单个周转的流动资金的差额乘以年周转次数。这种由资金周转速度造成的差异，既可表现为个别企业之间流动资金数量的差异，也可表现为流通时间长短不同的差异。这种

① 《资本论》第2卷，人民出版社2004年版，第277页。

较高的利润率中包含着超额利润，在一定条件下可转化为级差地租（参见下表）。

商业地块	每月资金周转次数	单位面积占用资金（元）	社会平均利润率（%）	每月资金利润（元/单位面积）	超额利润并转化为城市级差地租Ⅰ（元）
A	1	100	15	15	0
B	2	100	15	30	15
C	3	100	15	45	30

由于城市土地位置的差别，不论是工业还是商业，都会使得流通过程中发生运输费用的差别和资金流动速度的差别，都会对不同企业带来不同的利润率，从而使有些企业获得超额利润，转化为城市级差地租Ⅰ。这是位置对于级差地租具有决定性影响的具体表现。

再看级差地租Ⅱ：如前所述，城市土地只表现为劳动、工作和生活的场所，并不直接生产土地产品。那么，有没有城市级差地租Ⅱ，中国学术界至今仍有不同意见。有的学者否认城市级差地租Ⅱ的存在，认为“社会主义城市级差地租的唯一形式是级差地租Ⅰ，严格意义的级差地租Ⅱ在城市中是不存在的”[①]。什么是“严格意义上的级差地租Ⅱ”？作者并未具体阐明，只是接着说：“位置的差别是城市级差地租形成的决定性因素。与城市位置相联系的级差地租就是城市的级差地租第一形式。”[②] 我体会作者的意思是：既然位置差别是级差地租Ⅰ的决定性因素，就不存在其他的决定性因素，也就进一步推论为：不存在非决定性因素的级差地租Ⅱ了。我认为，土地位置作为级差地租Ⅰ的决定性因素，并不排斥形成级差地租Ⅱ的另一决定性因素，事实上，土地投资是城市级差地租Ⅱ形成的决定性因素（关于这点，下章将进一步分析）。退一步说，即使是非决定性因素，只要有这种因素存在，能够促使级差地租Ⅱ形成，也不能因此就否定级差地租Ⅱ的存在。可见，上述否定级差地租Ⅱ存在的意见，其理由是不充分的。也有人说，“从连续追加投资来看，对工业品

① 赵怀顺、黄荣武主编：《城市土地制度改革研究》，四川人民出版社 1990 年版，第 117 页。
② 赵怀顺、黄荣武主编：《城市土地制度改革研究》，四川人民出版社 1990 年版，第 117 页。

的经营，不易形成垄断”，“从而限制了城市级差地租Ⅱ形成的可能性”。[①] 为什么不易形成垄断呢？他们认为原因之一是“因为工业品价格是由平均生产条件决定，任何追加投资，都会形成竞争，促使超额利润消失”[②]。我认为，这是将农业中土地经营权垄断产生超额利润从而形成绝对地租的原理，套用到城市土地中来。其实，上述原理只是根据农业中的情况而言，如果把上述原理套用到城市中，不仅级差地租Ⅱ，而且包括整个城市绝对地租、级差地租都会被否定掉，因为：农业中可以形成垄断，从而才能产生绝对地租；城市中不易形成垄断，就不可能形成超额利润，也就不可能转化为任何地租了。上述“原因之一”，并不仅是用以否定城市级差地租Ⅱ的存在，而是否定了整个城市地租的存在。实践证明，在社会主义条件下，城市地租是客观存在着的，只是有人不愿把它称为地租而已。他们认为原因之二是“人们对工业消费品的需求，在花色品种、质量、消费构成等方面会有不断的新的变化，这些因素，都限制了对某种产品经营的垄断”[③]。事实上，对土地经营权的垄断导致级差地租的产生，上述“某种产品的经营垄断”，主要指工业消费品，并不是指土地经营权的垄断，这是两个互不相关的问题，何况这种对工业消费品经营垄断的限制不会涉及土地问题，更不可能直接限制级差地租Ⅱ的形成。我认为，上述否定城市级差地租Ⅱ存在的理由也是不充分的。有些学者承认城市级差地租Ⅱ的存在，但又有各种各样的解释。有人说：“关于城市级差地租Ⅱ，往往被人忽视。”“在城市中，不同位置的土地所产生的利润差额构成级差地租Ⅰ的实体，而唯有在位置较优的同一块土地上的连续追加投资，才能形成级差地租Ⅱ。”[④] 作者在这里指出由追加投资形成级差地租Ⅱ，这是完全正确的，可惜未根据城市的特点作进一步的具体分析。又有人说：“城市级差地租Ⅱ的实体是由等量商品资金的不同周转速度所产生的超额利润。所以，商业资金加速周转产生的超额利润是城

① 刘少波、丛明：《社会主义绝对地租问题讨论述评》，《经济研究资料》1985年第8期。
② 刘少波、丛明：《社会主义绝对地租问题讨论述评》，《经济研究资料》1985年第8期。
③ 刘少波、丛明：《社会主义绝对地租问题讨论述评》，《经济研究资料》1985年第8期。
④ 张朝尊主编：《中国社会主义土地经济问题》，中国人民大学出版社1991年版，第92页。

市级差地租Ⅱ的主要来源。”[①] 如前所述，由于某商业企业处在优越的地理位置，因而营业额高，资金周转速度快，由此产生超额利润，转化为级差地租Ⅰ，在这里，位置是决定资金周转快的根本因素，而前提又是由“等量商品资金”引起。级差地租Ⅱ的实质则是，在同一块土地上连续追加投资而产生的超额利润。“连续追加投资”和“等量商品资金”，显然是两个不同的前提，用“等量商品资金”来说明“连续追加投资”所引起的超额利润是不合适的，也不符合马克思所说的凡是有级差地租的地方“都遵循着农业级差地租相同的规律”的原理。

那么，对社会主义城市级差地租Ⅱ应作如何理解呢？我认为，社会主义城市级差地租Ⅱ是客观存在着的，应该给予肯定。这可以从两个方面来说明。一方面，从微观上看，从点上考虑，在城市一定面积土地上，连续追加投资，就可取得更多的超额利润，在一定条件下，转化为级差地租Ⅱ。这主要是通过高层建筑而体现的。追加投资在同一块土地上进行高层建筑的情况，建筑学和经济学上称为容积率。

建筑容积率与超额利润变化表

序号	项目	内容	不同容积率单位价格（元/平方米）				
			1	1.3	1.4	1.6	1.8
1	土地征用费		64	64	64	64	64
2	土地开发费		15	15	15	15	15
3	土建费		185	241	259	296	333
4	利息	(①+②+③)×9%	24	29	31	34	37
5	营业税	③×3.21%	6	8	8	10	11
6	利润及管理费	(①+②+③+④)×20%	58	70	74	82	90
7	销售税	⑨×3%	13	17	18	20	23
8	房屋价值	①+②+③+④+⑤+⑥+⑦	365	444	469	521	573
9	房屋销售价	每平方米土地上建筑物售价	392	510	550	627	706
10	超额利润	每平方米土地上建筑物额外利润	27	66	81	106	133

资料来源：1992 年 4 月海安县房产市场调查材料，转引自《不动产纵横》1992 年第 1 期，第 47 页。

① 曹振良等编著：《土地经济学概论》，南开大学出版社 1989 年版，第 180 页。

从上表可见，房屋建筑单位除享有按其经营成本应得的20%的利润外，利润也随容积率的变化而变化，由容积率为1∶1时的每平方米58元的利润，上升到容积率为1∶1.8时的每平方米90元的利润。与此同时，房屋建筑单位还获得了超额利润。当容积率为1∶1时，超额利润为每平方米27元；当容积率为1∶1.8时，超额利润则增加到133元/m^2。这种超额利润，是由土地建筑的容积率不同而产生的，在租约期间为投资者直接占有；租约期满后，则转化为级差地租Ⅱ，归土地所有者所有，因而下一租期的地租就会因此大大增加。可见，对城市土地追加投资进行高层建筑而取得级差地租Ⅱ和农业中追加投资（如改良土壤、增施化肥等）增加土地产品而取得级差地租Ⅱ相比，在同一块土地上追加投资是相同的，但在具体形式上是不同的。由于有相同点，故都可称为级差地租Ⅱ；由于有不同点，正说明了城市级差地租Ⅱ有其独特的具体形式和特点。

另一方面，从面上考虑，城市级差地租Ⅱ又有其不同于农业级差地租Ⅱ之处。农业级差地租Ⅱ虽然也受土地资本的影响，但在城市中，土地资本对级差地租Ⅱ的形成则起着决定性作用。在一定的土地上出现城市，不是由土地本身天然形成的，作为政治、经济、文化等活动中心的大、中、小城市，都是人们对一定面积土地进行加工改造的结果。无论是纯粹处于自然状态的土地、荒地，还是人们已经耕种的熟地，都必须经过投资和加工改造，才能作为城市土地来使用。马克思把这种投入土地的资本称为“土地资本”，以区别于作为自然条件的“土地物质”。由土地投资形成城市土地，包括第一次开发和第二次开发。第一次开发就是把荒地或农地变成城市用地，其内容包括：清除土地上的杂物、异物，排除积水，平整地面，夯实土地等，然后再进行基础设施建设，如兴建道路、桥梁、涵洞、供水供电供热供气管道、堤防以及排污、排渍和通信设施等等，所谓“四通一平”“五通一平”“九通一平”概属此类。正是由于这些资本投入土地从而与土地合并以后，改变了原有土地的状况，使之适合城市建设的需要，并有助于城市功能的形成和发挥，从而使城市土地具有整体功能。这种含有土地资本的土地和作为自然物质的土地在形式上并没有两样，但也只有这些基础设施的建设完成以后，土地才能作为城市土地来使用，也才能因位置和追加投资的不同，形成城市级差地租Ⅰ、Ⅱ的形式。如果在已有城市土地的基础上，进一步追加投资，发展通信设施，增加交通运输能力，改善客观环境等等，还可进一步改变原地段的级差等级，产生新的级差。当然这种对全市土地的总体投资关系到每块土地上的建筑物，不应只要求某一建筑物补偿，而应分别摊派在不同地段土地上的不同建筑物上，表现为土地开发费用，即土地资本的折旧和利息。起初，因土地资本而收取的土地资本的折旧和利息，只能纳入租金的范围，不是“真正的地租”，但它对城市土地的形成以及对土地级差的形成起着决定性作用。一旦基础设施的建筑完成，城市土地级差出现以后，被改良了的土地就已经不是原来的土地，而是具有城市功能和一定级差的土地，好像这些土地天生就具有这种特殊的优越性一样；只要土地所有者占有这些土地，“一旦投入的资本分期偿还，这种可分解为利息的地租也就会变成纯粹的级差地租”[①]。可见，经过改造的城市土地必然含有土地资本，城市土地级差主要表现在位置方面，而位置级差又不是主要由土地物质的自然条件形成，而是由投入土地资本进行改造的结果。

总之，城市土地资本的总体，是城市土地级差地租形成的基础。虽然这部分土地资本不是立即和直接形成级差地租，但由于它的作用使城市土地出现级差，又由于它最终也会“变成纯粹的级差地租”，更由于它是以对土地投资和追加投资的形式出现，因此它最终形成的地租应属城市级差地租Ⅱ范畴。由这种宏观投资最终形成的级差地租Ⅱ和微观投资建立高层建筑而产生的级差地租Ⅱ是密切联系着的。如果没有宏观的追加投资，微观高层建筑的级差地租Ⅱ就不可能产生；如果没有微观高层建筑，宏观投资也不会呈现出城市整体功能的经济效益。有人说：“级差地租Ⅱ，是在城市基础设施建设中投入的土地资本从而引起土地收益差别决定的。”[②] 这无疑是正确的，但这只讲了宏观方面，并未涉及微观方面，对于城市级差地租Ⅱ的形成，并不能算是全面的。有人认为：由改

① 《资本论》第3卷，人民出版社2004年版，第844页。

② 张跃庆、杨小泽主编：《中国房地产市场》，中国经济出版社1991年版，第82页。

善企业经营管理而获得的超额利润到一定时间也可转化为级差地租Ⅱ。这种看法是不妥的。城市工商企业的超额利润，可能由土地经营而产生，也可能由于改善经营管理而产生，还可能由于采用先进技术而产生，转化为地租的超额利润只是其中的一部分，并不是该企业超额利润的全部，超额利润并不等于地租，只是一部分超额利润在一定条件下才转化为地租。由改善经营管理而产生的超额利润和由采用先进技术而产生的超额利润一样，都应归企业所有，与土地所有权无关，并不涉及级差地租Ⅱ的形成问题。

三、城市级差地租量及其计算

城市房地产市场已是社会主义市场体系中的一个重要组成部分。土地价格是地租的资本化，必须依据绝对地租和级差地租的量来计算。因此，计算城市级差地租量，是确定城市土地价格、发展城市土地市场的必要前提。

城市土地分等定级，是测算级差地租量的前提条件。只有合理地确定土地等级，才能进一步分析各级土地上的级差地租量。将城市土地划分为不同等级，是依据城市土地自然地理位置、交通地理位置、经济地理位置在空间上有机组合的具体情况而进行的。自然地理位置是指城市中某一地块与其周围环境中的自然地理事物之间的空间关系；经济地理位置是指城市土地在人类历史过程中经过人们的经济活动创造的地理关系；交通条件是城市内部和外部各功能区互相联系的桥梁和纽带，因而交通地理位置又是前两种地理位置的综合反映和集中体现。这三者之间有机联系，相辅相成，共同作用于城市土地空间，使城市土地的不同地段有不同的使用价值，据此将不同地段划分为不同的等级。具体地说，根据土地的自然环境、交通状况、城市基础设施、繁华程度和人口密度等条件，采用相应的指标和得分方法，进行量化计算，然后综合各项得分，得出不同地段的分值，据此确定不同地段的等级。同时，还要参照中华人民共和国成立前和成立初期的地价水平，根据现在城市土地的开发程度和经济繁荣程度，以及城市规模和科技、文化发展状况，即根据历史的和现实的经验数据来确定。有的城市在分等定级时，主要根据上述经验数据确定地段，而不依据地理条件进行量化计算，这样做，虽然简便易行，但准确性往往不够。土地分等定级，是计算城市级差地租的基础，也是确定土地价格的基础，必须认真而仔细地进行，使级差的确定比较科学、合理。

不同级差地段区分后，就要进一步确定各地段的级差幅度。确定级差幅度应以不同地段的超额利润为根据，因为超额利润是级差地租的实体。但城市存在各种不同企业，有工业，有商业，也有服务业等其他第三产业，它们的超额利润各不相同。那么，根据哪一种企业的利润来确定级差幅度呢？一般来说，以商业利润作为分析的根据较好。现实经济资料表明：商业用地的单位面积赢利高，使用效益也最高。“以上海为例，1983 年工业用地每平方米平均利润 430 元，商业用地每平方米 636 元，比工业用地高 48％”[①]。“以日本为例，用于第一产业，第二产业和第三产业的土地单位面积的产值之比为 1∶100∶1000。”[②] 以商业用地来测量土地的级差收益，可充分体现发挥土地最大使用效益的原则。同时，商业对土地的级差反映最灵敏，在市中心区和边缘区的收益相差可达几十倍。再者，商业企业集中了许多工业产品，虽然受到商品比价不合理的影响，但也可互相抵消其对商品经营利润的影响，较能反映实际水平，故以商业利润作为分析的根据为好。但商业利润中，既包括平均利润，又包括超额利润，减去平均利润后的超额利润是否都可转化为地租呢？不能。作为超额利润的来源，一般地说有三个方面，即资本的物质技术构成、企业经营管理水平和土地的级差收益（绝对地租暂时撇开不论）。使用现代化的机器设备和科学技术，可以大大提高劳动生产率，使个别价值低于社会价值，取得超额利润；经营管理比较先进和科学的企业比一般企业也会带来更多的超额利润；在该企业超额利润中，剔除掉由上述两因素产生的部分，留下的部分，便是土地级差所得，作为土地的级

① 赵怀顺、黄荣武主编：《城市土地制度改革研究》，四川人民出版社 1990 年版，第 125 页。

② 张跃庆、张连城：《城市土地经济问题》，光明日报出版社 1990 年版，第 152 页。

差收益，在一定条件下转化为级差地租。因此，在确定级差幅度时，必须对超额利润进行分解，从中分解出与土地因素有关的部分作为土地级差收益，根据土地级差带来的超额利润确定级差地租的级差幅度。

城市级差地租量的最高限和最低限也是客观存在着的。其量的最低限应高于城市绝对地租的量。城市级差地租量的最高限应低于使用最优城市土地的最好企业实际所获得的表现为超额利润那一部分的级差收益量。因为级差地租是由这部分超额利润转化而来的。如果超过这一部分，不是侵占了由资本构成或经营管理而带来的超额利润部分，就是侵占了平均利润部分，这种情况从实际上看在个别企业中是可能存在的，但从理论上讲是不应该的。但须注意，这种上限和下限的量，并不是在各个城市都一样的，由于城市规模有大、中、小之分，每个城市单位的用地收益有高有低，如上海等大城市与中等城市相比，其每一块土地都处于优越位置，因而大城市每平方米的土地收益量比中等城市高，中等城市又比小城市高；相应地大城市的级差地租量的最高限和最低限都应高于中等城市，中等城市的级差地租量的高低限也应高于小城市。有人认为，应把大、中、小三类城市衔接起来，“小城市级差地租最高限，可以作为中等城市级差地租的最低限，中等城市的最高限可以成为大城市的最低限，而小城市的级差地租最低限应该参照农业级差地租来确定。一般说来，农业级差地租的最高限可以作为小城市级差地租的最低限。所以，所有城市的每块土地都应该有级差地租，也就是说城市的最坏土地也有级差地租”[①]。这样说是否合适还需认真论证。也有人认为：城市有“使用不提供级差地租的地段”，这种土地只提供绝对地租[②]。城市最低级土地是否提供级差地租？我认为这个问题是相对的，如把城市土地与农业土地连接起来相对而言，城市郊区（即最低级）土地的级差地租比邻近农业土地的级差地租要高，或者相等，这种土地仍然提供级差地租。如仅从城市土地内部对比而言，最低级的城市土地，按照马克思的级差地租理论，应不提供级差地租，只提供绝对地租。所以说是相对的，要根

① 《房地产经济》1985 年第 2 期。

② 方成族：《城市土地有偿使用的若干问题》，《厦门大学学报》（哲学社会科学版）1990 年第 3 期。

据研究对象的范围而定。现在我们如果仅把城市地租作为研究对象，暂时把农业舍掉，可以认为城市最低级土地不提供级差地租。这也完全符合马克思所言农业级差地租理论完全适用于其他有地租存在场合的科学论断。

从理论上说，计算城市级差地租量关键在于确定级差地租率。如已知级差地租率，以各个等级不同的土地的投资量乘以级差地租率，即可得出该地段的级差地租量。马克思在《资本论》第三卷第六篇中提出级差地租率这个概念，可惜未作具体解释；但他在有些地方使用“地租率”时，实际含义就是指级差地租率，即该地段由土地级差带来的超额利润和该地段预付资本的比率。问题是必须先求出级差地租量，才能得出级差地租率，然后再在已知级差地租率的情况下，用以普遍计算各地段的级差地租量。从概念上说，从总利润量中减去平均利润量，再减去因其他因素而获得的超额利润量，剩下来的就是由土地级差所产生的超额利润，在一定条件下转化为级差地租量。但这种级差地租量如何具体计算出来？这里有个实际操作问题。现在国内学术界和实际部门都在进行探讨，已提出了多种计算办法。例如，有人主张：“先计算平均资金利润率，以此计算出 n－1 级土地上的总利润（n 代表最低一级土地），然后再减去 n 级土地上的总利润，即是 n－1 级土地上的级差利润，即级差地租”[①]。有人认为在测算级差地租之前首先要建立级差地租测算数学模型，他主张用指数模型和多元性回归模型[②]。也有人主张：先剔除投资对企业利润的影响，然后考察土地等级与企业利润之间的关系，建立相关的数学模式；然后在得出土地等级和利润之间的关系式后，用公式

$$y=A(1+r)n$$

即可引申出级差土地收益的计算[③]。还有人主张：将部门单位级差地租计

① 周治平、陈章喜：《城市土地经济运行》，广东高等教育出版社 1990 年版，第 65 页。

② 毕宝德主编：《土地经济学》，中国人民大学出版社 1991 年版，第 420—427 页。

③ 公式中，y 代表第 n 级土地单位用地利润值，A 代表基数，r 代表利润级差系数，n 代表土地等级（n＝0、1、2、3……）。参见赵怀顺、黄荣武主编：《城市土地制度改革研究》，四川人民出版社 1990 年版，第 127—131 页。

算公式确定为[①]：

$$r_{ij}=r_{i1}+(j-1)d_i$$

有的人还具体介绍了北京、上海、南京、福州等地试行的计算方法[②]，如此等等。我认为：上述各种计算方法虽有所不同，各有特色，但不管何种计算法，都必须采用先进的科学手段，力求准确、简便、易算，并合乎实际，才有利于普遍应用和推广。因此，成熟的计算公式，还须在今后的实践中，不断创造、不断适应、不断研究、不断修改、不断总结，力求采取相对稳定的科学计算方法。

四、城市级差地租的发展趋势

对于城市级差地租的发展趋势，中国学术界存在着截然相反的观点。一种意见认为："城市土地的位置级差的总趋势是缩小，而不是扩大。"[③]"随着城市规划、交通设施的不断完善，会对级差地租的形成发生拉平的作用。"[④] 另一种意见认为："级差地租存在着不以人们意志为转移的全面上涨的趋势。"[⑤] 究竟是"缩小""拉平"，还是"全面上涨"？我认为，从发展趋势看，不仅绝对地租在上涨，级差地租也在上涨，这是由城市经济不断发展的客观情况所决定的。首先，随着城市经济的发展，固定资本和城市人口均不断增加，对用地的需求不断增大，除促进绝对地租增

---

① 曹振良等编著:《土地经济学概论》,南开大学出版社 1989 年版,第 182 页。该公式用 n_{ij} 表示城市土地利用部门和单位,用 S_{ij} 表示第 i 部门 j 单位的用地面积,那么第 i 部门中第 j 单位所占的土地面积在该城市土地面积中所占的比重:$W=\frac{S_i}{S}$。由于城市是按不同部门来划分级差地租的等级,假设 r_{ij} 表示 i 部门中 j 单位的级差地租。不同部门用地不同,相应地租量也不同。设部门内土地级差为等差,用 d 表示部门内部等差地租,得出上述部门单位级差地租公式。

② 参见张跃庆、杨小泽主编:《中国房地产市场》,中国经济出版社 1991 年版,第 83—84 页,王海宏在《不动产纵横》1993 年第 1 期介绍了南京的计算法;方成族在《厦门大学学报》(哲学社会科学版)1990 年第 3 期介绍了福州的计算法。

③ 赵怀顺、黄荣武主编:《城市土地制度改革研究》,四川人民出版社 1990 年版,第 117 页。

④ 刘少波、丛明:《社会主义绝对地租问题讨论述评》,《经济研究资料》1985 年第 8 期。

⑤ 杨继瑞:《地价上涨趋势探源》,《不动产纵横》1993 年第 3 期。

加外，同时也促进了级差地租的提高。城市是政治、经济、文化的中心，随着社会经济的不断增长，不仅已有企业要扩大规模，还要不断新建一批工业、商业、交通运输业、服务业以及新的办公楼和住宅，这就会不断增加对土地的需求；同时，中国每年约增加 1500 万人口，其中相当一部分出生在城市，随着城市企业的新建与扩建，农业人口也在不断向城市流动，人口增加，当然要增加工作、劳动和生活的场所，这就又会增加对土地的需求；再者，随着社会生产力的发展，对劳动者的文化水平和科学技术水平的要求越来越高，现代科技对现实生产力的发展起着决定作用，劳动者素质的高低对经济的发展也有着重大的影响，因此，作为文化中心的城市，教育、文化、科技必须相应地发展，这就要扩大和兴办学校，建立科研机构，发展文化事业，与此相适应，也必然增加对土地的需求；土地作为特殊商品，没有价值，土地价格是资本化的地租，或者说，地价等于若干年地租的总和。土地价格的基础是地租[①]。正如商品市场价格虽由社会价值决定但又受市场供求关系的影响一样，土地价格同时也受供求关系的影响，城市土地的普遍特性是：有限性（稀缺性）、不可再生性、固定性（不可移动性）、耐久性等等，当对土地的需求不断增加而土地供给又因有限性和不可再生性不能因之增加时，土地价格必然上涨，当然也同时表现为地租的增加或提高。可见，城市地租的上涨是由城市经济不断发展的客观规律所决定的。其次，随着城市的发展，对土地的投资不断增加，到一定时期，资本已融合在土地中，资本所有权转化为土地所有权，土地资本的利息就转化为级差地租，而促使级差地租量增大。如前所述，投入资本对城市土地进行开发，就会形成土地资本，投资者除提取折旧外还须取得土地资本的利息，这种利息和真正的地租不同，它是资本所有权在经济上的实现形式，应为土地投资者所有。但由于土地资本是投资在土地这种特殊物质上，具有永续利用性和长期保存性。如果在工业中投资购买机器，当机器折旧完毕而废损时，机器只是一堆废铁；如在城市中投资平整土地，不会因资本折旧

① 这里所说的主要指土地的理论价格，即土地资源价格。通常的计算公式是：地价＝地租÷利息率。但还有土地资本价格，是由投入土地的对象化劳动和活劳动形成的。这两部分价格之和，构成现实的土地价格。

完毕，价值已完全收回从而丧失场地的功能，事实上，场地仍一如既往地继续发生作用。可见，在使用机器时，价值折旧和物质磨损基本上是同步的；但在土地资本的场合，由于土地资源所具有的特殊自然属性，价值形态虽已折旧偿还完毕，但实物形态的土地物质仍在继续发生作用，这就是说，土地资本虽经过一定时期由于提取折旧而得到补偿，但其实物形态的一部分仍残留或融合在自然资源的土地中继续发生作用，这时土地资本已完全与自然资源的土地相结合并隶属于土地而表现为自然属性，如果这时租期未满，由此而取得的超额利润就为投资经营者所有；如租约期满，土地所有者则把土地连同土地资本一并收为已有，正由于资本已融合于土地中，这种资本的所有权就转化为土地所有权，原以利息存在的部分就转化为级差地租Ⅱ，土地所有者重新出租土地时，就会因此大大增加级差地租。正如马克思所指出的那样，“一旦投入的资本分期偿还，这种可分解为利息的地租也就会变成纯粹的级差地租”[①]。这时，土地资本的利息与级差地租，融为一体，密不可分，不再作为土地资本和利息出现，只是表现为级差地租了。由此引起城市级差地租的上涨，已为理论和实践所证明，所以马克思说：“追加资本总是地租相对高昂的原因。”再次，随着城市经济的发展，城市中心也在向多元化和专业化发展，从而出现黄金宝地性质的城市土地区位，新的土地级差随之产生，加上城市土地不断向郊区扩展，面积日益增大，远郊区和市中心区的级差也日益扩大，级差地租就会相应地提高。总之，城市级差地租将随城市经济的发展而提高已是客观存在的现实，毋庸置疑。

---

① 《资本论》第3卷，人民出版社2004年版，第844页。

第 五 章

社会主义城市垄断地租*

一、有没有社会主义城市垄断地租

马克思在研究资本主义农业地租时指出：级差地租和绝对地租是地租的基本形式，垄断地租则是地租的特殊形式。那么，有没有社会主义城市垄断地租？这是需要运用马克思的地租理论，研究中国经济建设的实际，创造性地回答的新问题。

马克思在研究农业地租时指出：由于在特殊自然条件下（如在特殊稀有的土地上）生产的稀有产品，这些产品的供给又不能满足社会需求，致使这些产品价格形成了垄断价格，“这种垄断价格既不是由商品的生产价格决定，也不是由商品的价值决定，而是由购买者的需要和支付能力决定。”[①] 由于这种垄断价格，产生了超额利润，更“由于土地所有者对这块具有独特性质的土地的所有权而转化为地租，并以这种形式落入土地所有者手中。”[②] 这样，“垄断价格造成地租”[③]，即垄断地租。这种农业中的垄断地租，是在特殊自然条件下，生产特殊产品，形成垄断价格，带来垄断超额利润所转化的特殊形式的地租。从城市的情况看，我认为，这种特殊形式的垄断地租也是存在着的。首先，产生绝对地租和级差地

* 本章内容曾以《社会主义城市垄断地租》为题，发表于《经济学家》1995 年第 3 期。

① 《资本论》第 3 卷，人民出版社 2004 年版，第 864 页。

② 《资本论》第 3 卷，人民出版社 2004 年版，第 877 页。

③ 《资本论》第 3 卷，人民出版社 2004 年版，第 877 页。

租所必须具备的一般条件，垄断地租也同样必须具备。如在社会主义条件下，还存在着土地所有权，存在着土地所有权和使用权的分离，存在着出租者和承租者之间的土地租赁关系，存在着商品经济和土地市场等，这些形成绝对地租和级差地租的社会经济条件，同样也是形成垄断地租的社会经济条件。绝对地租是土地所有权在经济上的实现形式，垄断地租也同样是土地所有权在经济上的实现形式。级差地租来源于对土地经营权垄断所取得的超额利润的转化，垄断地租更突出地表现为对土地经营权垄断所带来的收入。其次，城市垄断地租是由于在城市特别好的地段上经营，带来特别高的超额利润，产生特别高的经济效益的结果。像北京的王府井大街，上海的南京路，是大城市中的商业黄金地段，其地理位置特别优越，交通方便，公共设施齐全，每天都吸引着大量的本市顾客和外来流动人口，在这里经营商业。商品的销售额高，商品流转快，资金周转的速度也很快，因而利润率高，可以取得特别高的超额利润，这种大大超过其他地段的营业额所形成的经济效益，致使这种地段上的建筑物取得了垄断价格的形态，即表现为高价出售房屋，或表现为高价房租。这种高价房或高价房租中，除去对建筑物本身的投资外，就包含着高额垄断地租。这种情况，在中国当前现实经济生活中是客观存在着的。

二、城市垄断地租的特点

有没有社会主义城市垄断地租？中国学术界存在着两种不同观点：有的人认为是客观存在着的，有的人却否定城市垄断地租的存在。[①] 究其否定的原因，我认为，在于忽视城市垄断地租的特殊性。

否定者的理由之一是：在城市中没有垄断地租产生的自然条件；垄断地租只存在于少量自然条件特别有利的土地上，如生产稀有产品的土地，或生产某些珍贵矿产品的土地；城市土地只是工商业经营的立足之

① 参见朱剑农：《社会主义城市地租问题》，《财经问题研究》1983 年第 6 期；高映轸：《论城市土地的有偿使用》，《中国社会科学》1987 年第 5 期。

所，城市土地位置差别只能形成级差地租。其实，农业土地和城市土地有着不同的利用。农业利用土地生产农产品，即土地产品，垄断地租包含在特殊土地产品的垄断价格中。城市则不同，城市土地不生产产品，但土地位置在这里起着决定作用，在特别好的土地位置上建造房屋，然后利用这些房屋进行各种经营活动，可取得特别高的超额利润，因而这些建筑物的售价高，由于建筑物的成本基本上是既定的，售价高的原因在于土地价格高，地租资本化的程度高，实质上是地租高；如将这些建筑物出租，其租金也很高，因为租金中除包含房租部分外，地租的部分也很高。正是由于高额地租，才使得这些房屋建筑物的售价和租金高；售价和租金之所以高，是因为利用这些房屋从事经营可取得特别高的超额利润；也正因为如此，这些地段成为城市黄金地段；这些地段和农业地段不同，不是由土地的特殊条件生产特殊产品，而是在土地的特殊位置上建造房屋进行经营可取得特别高的超额利润。显然，如仅以农业中的特殊土地条件生产特殊产品来衡量，城市土地确实是不存在这种情况的垄断地租的；但如因土地的特殊地理位置可因此取得特别高的超额利润转化为垄断地租，这种情况在城市中则是存在的。不管这种特高超额利润是来源于特殊土地条件还是来源于特殊地理位置，只要能取得特高超额利润，在城市和农村都存在土地所有权的条件下，就都可转化为垄断地租。但这也就构成城市垄断地租区别于农业垄断地租的特点之一。

否定者的理由之二是：在城市中没有构成垄断地租的超额利润来源，只有特殊的农产品才可按高于价值的垄断价格出售，城市中的工商业，尽管其占据特殊有利的地理位置，所经营的商品也不能以高于价值的垄断价格出卖，不存在垄断价格，也就不存在垄断地租。其实，这仍然是无视城市垄断地租的特点而产生的误解。如上所述，城市特殊地段的土地不是因为特殊的自然肥力，而是因为占据特殊的地理位置在其上经营可取得特高超额利润，这和土地的特殊优越性分不开，是其他地段的经营者无法取得的，这就出现两种情况：一是这种土地上的建筑物本身可以垄断价格出售，由垄断价格产生垄断地租；另一是利用这种建筑物进行经营活动，可以取得特高超额利润，虽然这些企业的商品不以垄断价格出卖，仍然以正常的市场价格销售，但由于营业额大、资金周转快、成本低等因素，可取得特高超额利润，以其一部分支付高额房租，房租中的一部分，仍可转化为垄断地租。前一种情况是，由建筑物的垄断价格产生城市垄断地租；后一种情况是，由特殊地段经营可取得特高超额利润用以支付高价房租由此而转化为城市垄断地租。其来源虽不一，但由超额利润转化为城市垄断地租的结果则是完全一致的。如果坚持认为只有垄断价格才能产生垄断地租，后一种情况并无垄断价格的商品，当然也不能说成是垄断价格产生垄断地租。其实，马克思关于垄断价格产生垄断地租的观点，在于说明农业垄断地租的来源，至于城市垄断地租，必须根据城市特点而定。只要能取得特高超额利润并在特定条件下转化为地租，即使不是来源于特殊商品的垄断价格，也不能因此否定城市垄断地租的存在，相反，这正是城市垄断地租区别于农业垄断地租的又一特点。

城市垄断地租的另一特点是，在城市特殊位置的土地上建筑房屋，房屋与土地密不可分，因而地价往往和房价结合在一起，地租往往和房租结合在一起，垄断地租往往包含在高额房租中，高额房租掩盖着垄断地租。在城市土地上建筑房屋，需用多少钢材、水泥等原材料，需费多少工时，是明摆着的，马克思指出："建筑本身的利润是极小的；建筑业主的主要利润，是通过提高地租，巧妙地选择和利用建筑地点而取得的。"① "建筑投机的真正主要对象是地租，而不是房屋。"② 高额房租除了投资建房的资本折旧与利息外，大量的是由高额地租产生的，这正是黄金地段房租奇高，实际上包含着垄断地租的秘密所在。

由上可见，农业垄断地租的特点是：由特殊条件的土地，生产特殊的土地产品，以垄断价格出售而产生的垄断地租。城市垄断地租的特点是：在特殊优越地段建筑房屋，从事经营活动，取得特别高的超额利润，这种房屋，或者以垄断价格出售，或者以特高的房价出租，从而产生城市垄断地租。城市垄断地租，可能因房屋的垄断价格产生，也可能不因垄断价格但可取得特高超额利润而产生，因此，城市垄断地租的来源，

---

① 《资本论》第2卷，人民出版社2004年版，第261页。

② 《资本论》第3卷，人民出版社2004年版，第875—876页。

可能是垄断价格超过价值或社会生产价格的余额，也可能是个别生产价格低于社会生产价格的部分。有人认为："城市垄断地租是占有某种特殊地位的企业，其市场垄断价格超过价值和生产价格的余额。"① 这实在令人费解。这种"市场垄断价格"，如果是指该企业经营的商品，不可能因该商业所处的地理位置形成该商品的垄断价格；如果说的是这种特殊地段的建筑物，只能作为房地产出售时才能取得，属于房地产行业的经营范围，不可能表现为该企业的经营活动。上述观点，实际上是把农业垄断地租套用到城市中来，无视城市地租的特点而产生的结果。

三、城市垄断地租的调节作用

社会主义条件下的城市垄断地租，有一定的调节作用。

1. 有利于合理利用土地资源。由于城市最早是自发形成的，黄金地段也是在城市经济发展过程中逐渐出现的，在这种地段，既有投资率高、容积率高的大厦，也有不适宜在这种高价地区居住的居民住宅或工业企业。实行高额垄断地租，可以使这些工业企业和居民住宅因经济效益低而自动向非黄金地段迁徙。张跃庆、张连城称："北京王府井商业区建筑面积约有16万平方米，其中2万平方米属于非商业用房。"② 这说明对黄金地段的资源利用甚不合理。随着改革开放的发展，外商、内资纷纷向王府井地区投资，许多非商业用房陆续迁移别处，土地得到最有效的利用。这说明，垄断地租发生作用，有利于利用土地资源，调节城市用地的分配和合理布局。

2. 有利于企业之间的平等竞争。社会主义市场经济以平等竞争作为基本条件。企业所占土地位置的好坏，是该企业生产、经营的重要条件。如果有的企业已经占据特殊的土地位置获得特高超额利润而不交纳垄断地租，另一些企业则因所处土地位置较差连取得平均利润也很困难，这就造成企业之间实际利益不平等；前者虽不努力经营，不积极进行改革，

---

① 张朝尊主编：《中国社会主义土地经济问题》，中国人民大学出版社1991年版，第167页。

② 张跃庆、张连城：《城市土地经济问题》，光明日报出版社1990年版，第141页。

仍然可以靠地吃饭；后者虽努力改善经营管理，仍然落后一筹；这种现象，不利于通过平等竞争以推动企业前进，不利于社会主义市场经济的发展。收取垄断地租，这就可为不同企业创造平等竞争的条件，有利于市场经济的正常发展。

3. 可以合理调节收入的分配。在土地无偿使用情况下，由垄断地租体现的这部分特高超额利润完全为使用单位所有。明确社会主义城市还有垄断地租，并确定应归土地所有者的国家所有，就可以用土地使用费或土地使用税等名义，将城市垄断地租收归国有，一方面，可增加国家用于城市的基本建设资金，促进城市经济的发展；另一方面，也可使那些靠地吃饭的企业，不要长期躺在“地”上，而要努力面向市场，改善经营管理，推动企业前进。可见，收取城市垄断地租，可以使收入分配得到合理的调节。

资本主义城市垄断地租体现着土地所有者对劳动者的剥削关系。社会主义城市垄断地租体现着国家、企业、劳动者之间的合理分配关系。企业和个人将使用该块土地所取得的特高超额利润，以垄断地租的形式交给国家，进行国民收入的第二次分配，为全体人民群众谋利益。相反，这种特高超额利润，不是由于企业和个人支出了更多劳动量的结果，而是由该地的位置特别优越带来的，如果企业和个人将它占为己有，那倒是不劳而获，不符合按劳分配原则。可见，那种把社会主义垄断地租看成剥削收入的观点，是混淆了资本主义垄断地租与社会主义垄断地租的本质差别所致。

四、城市垄断地租量的规定

一般说来，城市垄断地租的量，“应该等于在城市黄金地段上单位用地平均承担的商业利润与非黄金地段上单位用地平均承担的商业利润之间的差额”[①]。但不能因此认为，城市垄断地租的量是由某种特定的量决

① 郝寿义：《试论社会主义城市土地有偿使用费的理论构成》，《天津社会科学》1986年第6期。

定的。实际情况是，以在这块土地建筑物上经营取得的特高超额利润为前提，由土地使用者的需要和实际支付能力来决定。如果因利用这块土地不能取得特别高的超额利润，土地使用者就无力支付垄断地租；如果土地使用者对使用该地不感兴趣，当然也不会因此付出高价。这表面上表现为土地使用者的主观意志，客观上却是由使用该地取得多少超额利润所决定，它是一个受客观所制约并由主观所决定的量，有人说"它不是一个固定的有规律的量"[①]，是有一定道理的。当然，它虽不是一个固定的量，但也是有一定限度的量，这就是，这种城市垄断地租量，限制在因使用该地而取得特高超额利润范围之内。超过这种一定量，使用者就无力支付了。

有人认为："级差地租向上延伸便是垄断地租"，"垄断地租实质上也是一种级差地租"。[②] 这是就垄断地租的来源推论而言。因为级差地租是个别生产价格和社会生产价格之间的差额，绝对地租是价值和社会生产价格之间的差额，垄断地租则是垄断价格高于价值的部分，可见，级差地租向上延伸便成为垄断地租了。这种情况对于农业垄断地租来说是确当的，但对于城市垄断地租就不完全符合了。因为城市垄断地租可能来自特殊地段建筑物的垄断价格，也可能来自在特殊地段上经营所得的特高超额利润，而且有部分垄断地租又是来源于商品的个别生产价格低于社会生产价格的差额，不一定完全是级差地租向上的延伸。如说它"实质上也是一种级差地租"，相对地说是可以的，因为垄断地段的地租比最高的级差地租，好像是特高级的级差一样；绝对地说是欠妥的，因级差地租的土地级差幅度，由不同地段的超额利润的差别来确定。垄断地租比级差地租可以高许多倍，在其间并不形成什么级差；而且随着支付者的主观需要及支付能力而定，不受级差界限的约束；把它等同于级差地租，就混淆了正常的地租形式与特殊的地租形式之间的界限。如果说地租的实质是土地所有权在经济上的实现，不管是绝对地租、级差地租还是垄断地租都一样，这无疑是对的。但三种不同形式的垄断，却区别为

① 张薰华、俞健主编：《土地经济学》，上海人民出版社 1987 年版，第 151 页。

② 张朝尊主编：《中国社会主义土地经济问题》，中国人民大学出版社 1991 年版，第 167 页。

三种不同形式的地租。由土地所有权的垄断产生绝对地租，由土地经营权的垄断带来级差地租，由对城市特殊位置的地段的垄断带来城市垄断地租。前两者是地租的正常形式，后者是地租的特殊形式。总之，地租来源于垄断，不同形式的垄断产生不同形式的地租。

第六章

地租、地价、地产市场

房地产问题是中国目前城市经济社会发展中的一个极其重要的问题，房地产市场也是社会主义市场经济体系的有机组成部分。房地产市场包括房产市场和地产市场。地产市场是房产市场的基础，研究房产市场首先要研究地产市场。

一、地产与地产市场

土地是“一切生产和一切存在的源泉”①，是人类“不能出让的生存条件和再生产条件”②。在农村，土地作为劳动对象和劳动资料，是农作物生长的不可缺少的物质基础。在城市，土地作为生产、经营、工作、生活的必要载体，是人们活动的场所和空间，但作为农业用地和城市用地则有所不同。“经济学上所说的土地是指未经人的协助而自然存在的劳动对象”③，即未经人类劳动加于其上而天然存在的“土地物质”，这种土地不是商品，没有价值；但由于人们占有了土地，产生了对土地的所有权，如果将该土地租给土地经营者去耕种，所有权和使用权相分离，土地所有者即可凭此收取地租。这种土地，一旦投入农业生产，人们的劳动就会对象化在土地上，这种土地就有了价值。特别是城市土地，往往是由农业土地转变而来。为了适应城市社会经济文化发展的需要，就要

---

① 《马克思恩格斯选集》第2卷，人民出版社2012年版，第707页。

② 《资本论》第3卷，人民出版社2004年版，第918页。

③ 《资本论》第1卷，人民出版社2004年版，第703页。

进行基础建设。人们习惯称为“七通一平”，即由农业土地转为城市用地时，首先要在平整土地的基础上，达到道路通、上水通、雨污水通、电力通、通讯通、煤气通、热力通，然后才能在土地上经营建筑物，使之适合城市的需要，这就需要投入大量的资本和劳动。这种凝固在土地中的资本，马克思称之为土地资本。马克思说：在土地上的合理投资，会“和一般单纯的耕作一样……会改良土地，增加土地产量，并使土地由单纯的物质变为土地资本”①。所以城市土地，既包含“土地物质”，又包含投入土地的土地资本（农村已耕种的熟地也包含土地资本，只是在投入资本的数量上比城市少得多）。作为与房产相并列的地产，一般地说，是由土地物质和投入土地的资本相结合而形成的固定资产所构成的有机统一体。如果仅把地产看成是自然物质的土地是不妥当的，如果只把土地资本称之为地产也是不确切的。实际上，地产是上述两者的有机统一，即对象化劳动和活劳动凝结在自然物质的土地中而形成的。有的同志认为：“城市地产中的土地是‘商品化’的物质资料，城市地产中的土地资本或资金是‘商品性’的物质资料，因此，在商品经济条件下，城市地产并非纯粹意义上的商品，而是‘商品化’了的土地物质与‘商品性’的土地资本或资金相结合的混合物。”② 这种看法，我认为是很有见地的，也是完全符合客观实际情况的。

市场是商品交换的场所，哪里有商品生产和商品交换，哪里就有市场。从广义上说，市场是商品流通中各种经济关系的总和。地产市场所经营的商品主要是土地，土地是地产市场的客体；地产市场的主体是参与地产交易的当事人。城市土地，是城市地产市场的交易对象，是城市地产市场存在的基础。作为城市地产市场客体的城市土地，并不是作为一般物质的土地，而是既包含土地物质又包含土地资本作为地产的土地，人们的传统习惯称之为土地市场。其实，这在概念上是不太严密的，应根据其特殊内涵确切地称之为地产市场，所谓城市地产市场就是指城市土地这种特殊商品在流通中经过交易而发生的经济关系的总和，体现着

① 《资本论》第3卷，人民出版社2004年版，第699页。

② 杨继瑞：《开发城市地产业的理论思考》，《中国社会科学》1990年第2期。

土地供求双方为确定土地交换价格而进行的一切活动。有人把土地市场的概念定义为："（1）土地权利的让渡与取得，要经过协商或讨价还价；（2）土地权利的让渡与取得产生的补偿费、价格和租金等，明显地受供求关系的影响。"① 这从地产市场所表现的形式和所包含的内容方面来说都是对的，但从土地的实质和地产的实质而言则感到有所不足。

二、地租是地价的基础，地价是地产市场的主要内容

在地产市场上进行交易的商品是土地，土地在交易时必须具有价格，而土地价格的基础则是地租。地租是地价的基础，地价是地产市场的主要内容。

无主的天然形成的自然土地，不被人们所占有，不进入交换过程，当然也不可能反映人们的社会经济关系。土地一旦为人们所占有，不管是公有还是私有，都有一个所有制问题。个人、集团或国家占有土地后，由于土地的稀缺性和不可再生性，就垄断着对该地块的所有权和使用权。如果把该地租给别人使用，实现所有权和使用权的分离，即进行租赁，承租人获得该地的使用权，必须向所有者支付报酬。这就要交纳地租。地租是土地所有权在经济上的实现形式，是"不同的人借以独占一定部分土地的法律虚构在经济上的实现"②。不管是什么土地，不管是优等土地还是最劣等土地，土地所有者不会白白地把土地交给他人使用，必须因此取得报酬，在商品经济条件下，这种报酬往往采用货币形式，"这个货币额，不管是为耕地、建筑地段、矿山、渔场还是为森林等等支付的，统称为地租"③。所以马克思说："土地所有权本身已经产生地租。"④ 从地租的形式看，有绝对地租、级差地租、垄断地租；从地租的类型看，有

---

① 《中国城市土地使用与管理》课题组：《我国城市的土地使用制度及其改革》，《中国社会科学》1992年第2期。

② 《资本论》第3卷，人民出版社2004年版，第715页。

③ 《资本论》第3卷，人民出版社2004年版，第698页。

④ 《资本论》第3卷，人民出版社2004年版，第854页。

农业地租、工业地租、矿山地租、建筑地段地租以及城市地租等；从地租所反映的经济关系看，封建地租反映着地主对农民的剥削关系，资本主义地租反映着土地所有者、农业资本家和农业工人之间的关系。过去有些人把地租简单地看成只是反映经济剥削关系，说地租是一个剥削的范畴，资本主义地租反映资本主义剥削关系，社会主义消灭了剥削，因而也就认为不存在反映剥削关系的地租了。其实，地租和货币、工资等经济范畴一样，本身是一个中性范畴。在不同社会里被不同的人们所运用，就会反映着不同的经济关系。资本家掌握货币，使货币转化为资本，成为剥削工具；社会主义国家和劳动者掌握了货币，使之作为社会主义建设的经济工具。资本主义工资是劳动力价值或价格的转化形式，反映着资本家对劳动者的雇佣关系，社会主义工资则是实现按劳分配的经济工具。同样，资本主义地租反映着资本主义的经济关系，社会主义地租则反映着社会主义的经济关系。我们要建立社会主义市场经济体系，必须发展和完善房地产市场。要发展房地产市场，必须利用价格、地租等经济范畴，作为理论基础，才能使房地产市场在正确的理论指导下健康地向前发展。

长期以来，有些人不仅把地租当作剥削范畴，而且把土地价格与土地自由买卖，与资本主义相提并论，误认为土地价格也是资本主义的特有范畴。在土地无偿使用的计划经济条件下，不存在土地买卖，不存在地产市场，当然也就不存在土地价格了。现在，要发展和完善地产市场，不管是买卖土地的所有权，还是买卖土地的使用权，都需要有土地价格。一般说来，价格是商品价值的货币表现。商品有价值才能表现为价格。社会主义地产市场的土地价格则不同，现实的土地价格包含两方面内容，一是土地资源价格，一是土地资本价格。作为“未经人的加工而天然存在的”原始状态的单纯的“土地物质”，以自然资源形态存在着，不是劳动产品，不具有价值；但这种土地作为人类财产，被人们垄断地占有时，即取得了纯粹经济形态。因此，把土地租赁给别人，即可取得地租，这是土地所有权在经济上的实现形式。如果把这种土地的所有权或使用权转让给别人，别人因此也可取得收入，因此在转让时也必须付给一定的报酬，这种转让土地的报酬就表现为土地价格。在这里，土地价格不是土地价值的货币表现，而是地租资本化的结果。实际上，土地价格，并不是购买土地的价格，而是对由土地所提供的地租的购买价格，它是由地租量的大小和利息率的水平决定的。例如：在平均利息率5%的情况下，200元地租，同4000元资本带来200元利息一样。由于4000元资本可带来200元利息，某块土地可带来200元地租，该土地即可起到4000元资本的作用。这种地租的资本化，就形成土地的购买价格。这种地租资本化的计算公式是：土地价格＝地租÷利息率。这种土地本身的价格，是由土地本身的经济关系引起的，是对土地所有权的转移或对一定时期土地使用权转让在经济上的补偿，即“土地所提供的地租的购买价格”[①]。这部分可称为地租资本化价格，或者叫做土地资源价格，构成现实土地价格的一部分。现实土地价格的另一部分是土地资本价格；对自然形成的土地要进行开发，对农业用地投入劳动进行第一次开发也称农业开发，对城市用地进行“七通一平”等基础设施建设进行的开发也称土地的城市开发，在开发过程中都要投入一定量的活劳动和对象化劳动，即都要对土地进行投资。由于人类劳动的投入，不仅改造了土地资源的性能，增加了土地的使用价值，而且凝结在土地中，形成土地的价值。当其随同土地被让渡时，这部分价值取得价格形态，理应得到补偿，从而形成土地资本价格。可见，土地资本价格是投入土地的活劳动和对象化劳动形成的，它的决定方法和其他商品是一样的。土地资源价格和土地资本价格这两部分之和，构成地产市场上的现实土地价格。以现实土地价格为基础，在地产征购市场上有土地征购价格，在批租市场上有批租价格，在转租市场上有转租价格，以及包括基准地价、标定地价、出让底价为主的地产价格体系等等。地产市场就是根据不同的地价而进行土地交易，不断地巩固、完善和发展起来的。

根据以上分析，地价包含土地资源价格和土地资本价格这两方面，是由地产作为土地物质和土地资本的综合体所决定的；地产的这两方面，又是由土地既作为自然物质又凝结了人类社会劳动这两个方面所决定的。只有认识土地的这两方面的特殊性质，才能认识地产所包含的这两方面

① 《资本论》第3卷，人民出版社2004年版，第703页。

的特殊性质，才能理解地价所包含的不同于一般商品价格的这种二重特殊性质。由土地的特质构成地产的特质，从而形成地价的这种特点，在城市地产市场上表现得十分明显。

三、中国城市地产市场的特点

地产市场和一般商品市场都具有市场的共性，这种共性主要是：不管商品的实体是什么（是消费品还是土地），买卖双方都是作为自己的商品或货币的所有者而进入交换过程的；他们都要利用价格所表现的货币进行交换；商品的价格还要受到市场供求关系和竞争的影响；在交换过程中，交换双方在权利上都是平等的，等等。但是作为一般地产市场与一般商品市场相比较也有其不同之处，这是由土地作为交换对象而产生的。（1）一般商品市场表现为商品的自由流动，由甲方转入乙方，是动产市场；但土地具有固定性、不可移动性，因而地产交易具有强烈的地域性，在地产市场上流动的不是土地，只是土地产权，故称不动产市场。（2）由于地产交易不会引起土地流动，只能引起土地产权变更，因而这种土地产权的变更，必须依赖法律保护，需要有与一般商品市场不同的法律规定为依据，这就是说，土地产权的流动必须按法定程序进行，履行相应的法定手续；而土地产权的行使又必须符合法律规定，不能滥用土地产权。（3）一般商品市场上的价格，以价值为基础，围绕着供求关系的变动而上下波动；地产市场上的土地价格，虽然也受到市场供求变动的影响，但实质上是地租的资本化和土地资本的补偿。（4）一般商品市场上，可以是商品的供给超过需要，也可能是供不应求，从而形成买方市场或卖方市场；在地产市场上，由于土地的有限性和不可再生性，土地供给缺乏弹性，随着经济发展，对土地的需要不断增加，土地往往供不应求，因而地价具有不断上涨的趋势，容易产生土地投机和倒卖土地等现象。这就构成一般地产市场与一般商品市场不同的特点。

但是，中国城市地产市场是社会主义市场体系的有机组成部分，既具有社会主义地产市场的特点，又具有不同于农村的城市地产市场的特点，这既有别于一般商品市场，又有别于农村的地产市场。中国当前社会主义城市地产市场究竟有哪些特点，目前学术界存在着不同的看法，有人认为，这种特点主要表现为垄断性、竞争性和计划性①；也有人认为，表现为垄断性、权利主导性、不完全性、地域性、土地供给弹性小等等特点②；还有人认为，地产市场具有特殊的交易对象，是不动产市场，是一种国家干预度较高的市场③。这些看法，都有一定的道理，堪称一家之言。据我个人的认识，中国目前城市地产市场有如下特点：

1. 一般商品的买卖，不仅转移了商品的使用权，主要是转移了该商品的所有权，通过交换，卖者失去了该商品的所有权，买者则取得了该商品的所有权，可见，商品买卖，是不同商品所有者之间所有权的转移。地产市场上的土地则不同，既可以是对土地所有权的买卖，也可只是对土地使用权的转移。目前世界各国土地制度大致有如下类型：一种是以美国、日本为代表的以私有制为基础的市场土地分配制度，允许土地进入市场买卖，实现土地所有权的转移，地价则完全由市场调节；一种是以英国为代表的在土地国有制基础上实现的市场土地分配制度，土地为国家所有，在地产市场上，由国家对土地使用权进行“批租”，在批租期限内，土地使用者即为该土地的占有者，对土地有部分的处置权和收益权，也可对土地使用权进一步转卖、出租、抵押、继承和赠与，地价主要由市场来调节（香港即属此类状况）。中华人民共和国成立后，在城市实行土地国有制，在农村实行劳动群众的集体所有制，长期实行无偿使用的土地制度，没有地租，没有地价，也没有土地市场。这种制度弊端很多，不能适应经济发展的需要。近些年来逐步进行改革，培育和发展新的城市地产市场。随着经济的发展，城市不断扩大，用地不断增加，这就需要不断把农村土地改为城市用地，对农村土地进行征用。这是一种特殊的买卖，是一种特殊的土地市场，表现为土地所有权的转移，即

---

① 曹振良等编著：《土地经济学概论》，南开大学出版社 1989 年版，第 224—228 页。

② 毕宝德主编：《土地经济学》，中国人民大学出版社 1991 年版，第 431—434 页。

③ 赵怀顺、黄荣武主编：《城市土地制度改革研究》，四川人民出版社 1990 年版，第 141—142 页。

由集体所有制转变为国有制。但这只出现在农村与城市之间。至于在城市内部，由于在社会主义条件下，城市土地由代表全民的国家所有，为了维护城市土地公有制，不能在地产市场上出卖土地的所有权，在地产市场上进行交换的只是土地的使用权。土地使用权作为物权，与土地所有权发生分离进入地产市场，这实质上是狭义的地产市场，或不完全的地产市场。可见，在坚持中国城市土地国有制的条件下，在城市地产市场上，不进行土地所有权的买卖，只进行有限期的土地使用权的交易，进行土地批租，这就构成中国城市地产市场的一个显著特点。

2. 除了国家对农村征用土地的征购市场外，中国城市地产市场的主要模式是：土地批租市场与土地转租市场，有人把前者称为一级土地市场，后者称为二级土地市场。[①] 土地批租市场主要是土地所有者转让土地使用权的市场，将土地进行纵向流动。土地转租市场主要是土地使用者再转让土地使用权的市场，将土地进行横向流动。其中心都是对土地使用权的交易。在土地批租市场，市场主体是土地所有者国家，或代表国家主管土地经营管理的机构，如国有地产公司之类，他们代表国家将一定地段和面积的土地使用权，按一定年限（30 年、50 年，最高为 70 年不等）和使用方向依据法律规定或约定条件批租出去，这种对土地使用权的有偿转让，可以是一次性出租若干年，一次性收取土地使用费；也可以是零星的、逐年收取土地使用费；这种土地使用费实即土地使用权的让渡价格，可称为“批租价格”；年满后将土地使用权收回，在收回土地时，土地上的建筑物也无偿地归土地所有者所有。在土地转租市场上，表现为土地使用者横向转让土地使用权而发生的经济关系，可以表现为转卖或转租两种形式。转卖，即土地使用者将土地使用权转卖给新的土地使用者，他原来与国家之间围绕该土地所产生的权利与义务、利益与责任关系也随之转由新的土地使用者承担。转租，即原用地者与新的用地者发生租赁关系，后者不与国家直接发生租赁关系，只对原用地者负责。由转租市场形成的转租价格，是在批租价格的基础上形成的，这有

---

① 也有人把土地征购市场称为一级土地市场，把土地批租市场称为二级土地市场，把土地转租市场称为三级土地市场。但土地征购市场主要是土地所有权的转让，表现为国家与农村的土地关系，如果以城市地产市场而论，仅是土地使用权的转让，只区分为一、二级市场为宜。

利于克服土地资源纵向流动的局限，有利于土地要素的合理流动和土地资源的合理配置，实质上是批租市场的进一步发展和补充，两者是密切联系着的。但是，批租市场必须由国家垄断，因为土地供给者是国家。国家对地产市场宏观调控的支撑点主要放在批租市场上。国家实行“五统一”，即统一规划、统一征地、统一开发、统一管理、统一出让，根据不同的土地用途，实行不同的供地方式，如招标、招卖、协议等方式，有计划有步骤地出让土地使用权。至于转租市场则完全由市场机制和价值规律进行调节，实现垄断竞争型的市场模式。可见，在中国城市地产市场上，批租市场必须由国家垄断，构建国家宏观调控下的城市地产市场机制，以促进批租市场和转租市场的健康发展，这也是中国城市地产市场的特点之一。

3. 批租市场的批租价格，转租市场的转租价格，都必须以土地价格为基础。一般商品的市场价格，都必须以价值为基础，价格无非是商品价值的货币表现。如前所述，地产市场的现实土地价格，由土地资源价格和土地资本价格这两部分构成。在地产批租市场出售国有土地使用权时形成批租价格。批租价格也包含两个部分，一是土地资源使用年期的购买价格，即为使用土地本身而支付的费用；一是土地资本使用年期的购买价格，即土地出让期内为使用土地资本而支付的费用。与一般商品价格不同，土地批租价格既包括土地资源使用权的购买价格，又包括土地资本使用权的购置价格，这就是说，使用土地要交纳两重费用，使用土地资源要支付以地租为基础的费用，使用土地资本要交纳以开发投资为内容的费用。至于转租价格，也无非是批租价格的转化形式或分割形态，在实质上是一致的。由此可见，城市地产市场的现实土地价格（以及批租价格和转租价格），都反映着城市土地的特殊性质，与一般商品价格形成不同，这就构成城市地产市场的又一个特点。

4. 不同商品有不同的使用价值。在一般商品市场上，商品一旦被购买，购买者即拥有该商品的所有权和使用权，可以根据该商品的多种使用价值，自由而随意地确定其用途。城市地产市场则不同。作为城市地产市场的主要商品是土地，这种土地的具体用途，必须纳入城市土地规划；而城市土地规划，又是城市总体规划的一个有机组成部分。一方面，城市总体规划是城市各项规划的有机整体和集中表现，它规定着土地规划的方向、任务和目标，城市土地规划必须符合城市总体规划的要求；另一方面，由于土地是城市一切活动的载体，不管是城市发展规划、建设规划，还是城市布局规划、工程规划，最终都要落实到土地规划上来。城市土地规划是城市总体规划的重要内容，它在总体规划中占有突出的重要位置。在正确处理城市新区开发与旧城区改造之间的关系、地产外延平面开发与内涵立体开发之间的关系、项目开发与土地开发之间的关系，以及土地开发的必要性与开发资金的可能性之间的关系等等的基础上，超前制定年度土地使用权出让计划，分期分批地适量地将土地使用权投入地产市场，以充分发挥城市土地规划和土地使用权出让规划在地产市场上的宏观调控作用。从地产市场取得土地使用权的单位，必须按照规划对该地块的使用方向和建筑标准的规定来使用土地，任何单位和个人都不能改变规划内的土地使用方向和用途，不能建造不符合规划要求的建筑物。这就是说，作为城市地产市场主要商品的土地，其使用权的出让必须按规划进行，该土地的具体使用也必须符合规划的规定，与一般商品使用价值完全由占有者自由而任意地使用不同，这是城市地产市场的另一个特点。

5. 一般商品按价格在市场出售后，其收入为原商品所有者取得，收入具有相对独立性。在私有制条件下土地出售后，其收入为原所有者所得，也是简单明了、一目了然。中国城市土地实行公有制，在城市地产市场出售土地使用权的收入，其分配则十分复杂。城市土地为国家所有，国家理应取得收入的重要部分，但地方政府也是代表国家具体执行任务的，也应分得收入的一部分，这就产生了如何合理分配收入以协调中央和地方政府的利益关系问题；在地方各级政府之间，省应取得一部分，市、县也应取得一部分，这就又产生了如何合理分配以处理各级地方政府之间的关系问题；在代表国家的职能机构——如土地管理局和土地开发公司，以及经营单位如房地产公司等，也有一个合理分配收入的问题；至于在收入中，还要有一部分用于补偿投入城市建设的土地资本的折旧费和利息，以及继续用于扩大城市建设和旧城改造的资金，也有一部分要从地产市场收入分配中取得。正是由于土地国有，因而作为所有者的各级政府和代表各级政府的职能机构，以及各使用单位，都要从出售土地使用权中取得收入。这种收入，既要兼顾中央与地方、地方各级政府之间、各级政府与土地职能机构之间的关系，也要兼顾所有者与使用者、经营者之间的关系，充分调动各方面的积极性。由此可见，城市地产市场收益分配的复杂性，也是其特点之一。

6. 一般商品可以直接投入使用或消费过程；农村土地也可直接进行耕种；但城市土地则不同，要进行使用，往往要在其上建造房屋等建筑物。因此，地产往往和房产结合在一起，人们在出卖或出租房屋时，同时也就出卖和出租了土地。但房屋是私人建造的，土地是国家的，人们出卖房屋，往往连同国有的土地也一起卖出，卖房屋不仅出卖了房产，实际上也出卖了地产。比如：在一些房产交易中，有的房屋已十分陈旧，如按 40 年的使用周期计算，其价值所剩无几。但由于它处于市中心区，其售价往往高达数十万、数百万元，这实际上不是房价而是地价。又如，现在大量流行的柜台出租，其租金中包含着大量的地价因素。这种情况是城市地产隐形市场的表现之一。由此出发，还会进一步出现炒地皮、倒买倒卖，进行土地投机。本来，应该贯彻房产服从地产的原则，但由于房产和地产结合在一起，在推行土地使用权转让后，房产的出卖、转租没有完全服从土地产权的处理，私人在出卖房屋的同时也出卖了国有土地，而这种收入又只作为房价收入落入私人口袋中，这就反而产生了使地产服从于房产的不合理现象，成为中国当前地产市场上的突出问题。由此可见，房产和地产相结合，房产应服从于地产，也是城市地产市场的特点之一。认识和研究这些特点，有利于做好工作，促进城市地产市场的完善、巩固和发展。

第七章

研究社会主义城市地租的理论意义和现实意义

社会主义有没有地租？社会主义有没有城市地租？是国内外学术界长期争论、悬而未决的问题。中国改革开放的发展和城市土地有偿使用的实践证明，社会主义城市地租是客观存在着的。因此，研究社会主义城市地租的一系列问题，建立马克思主义的社会主义城市地租理论，对于深化改革，促进开放，搞好土地成片开发，完善土地市场，发展社会主义市场经济，有着重大的理论意义和现实意义。

地租是土地所有权在经济上的实现，这是所有地租的共同点。但不同性质的所有制带来的地租也就具有不同的性质，封建土地所有制产生封建地租，资本主义土地所有制产生资本主义地租，社会主义土地所有制产生社会主义地租。在资本主义社会里，由于土地被私人占有，采用租赁方式实现土地所有权和使用权的分离，以及社会化大生产和商品经济的高度发展，这就为资本主义地租的发展提供了客观条件。社会主义废除了土地私有制，实现土地公有制，但还存在土地所有权和使用权的分离，还要大力发展商品经济以促进生产力发展，仍然存在着地租形成的客观条件。只不过是资本主义地租反映着土地所有者和农业资本家剥削农业工人的雇佣关系，社会主义地租反映着社会主义国家、企业和劳动者之间的合作关系罢了。但是，在中国社会主义建设的实践过程中，却走过了一段曲折的道路，这就是从取消地租到承认地租的存在。众所周知，中华人民共和国成立后所制定的宪法明文规定，中国城市土地实行国有制，农村实行集体所有制，两者都是土地公有制。由于社会主义建设是前无古人的伟大事业，许多问题都需要在实践中不断总结经验，不断进行概括和创造。建设初期，借鉴苏联经验，实行计划经济，在产品经济思想指导下，不重视商品经济的发展，不重视市场体系的建设，在土地问题上，采取无偿使用的调拨办法，既不采取租赁形式，又不支付任何报酬，在经济生活中，也就取消了地租的存在，取消了土地市场。实践证明，土地无偿使用带来了许多严重弊端，使不能再生产的宝贵的土地资源出现了大量的浪费，减少了建设资金的积累并直接影响和阻碍着城市的基本建设和旧城区的改造。这种在土地使用问题上的“大锅饭”和经济生活中的一系列“大锅饭”是相适应的。党的十一届三中全会确定的改革开放政策从根本上发生了新的转变，必须改变经济体制，从计划经济体制转变为市场经济体制，发展和完善社会主义市场体系，充分发挥市场调节的作用，与此相适应，把对城市土地的无偿使用逐步改变为有偿使用，逐步建立和发展城市土地市场。1986 年 6 月 25 日第六届全国人大常委会第十六次会议通过，并于 1988 年 12 月 29 日第七届全国人大常委会第五次会议修正的《中华人民共和国土地管理法》第二条指出：“中华人民共和国实行土地的社会主义公有制，即全民所有制和劳动群众集体所有制。”“国有土地和集体所有的土地的使用权可以依法转让。”“国家依法实行国有土地有偿使用制度。”这就对中国公有制土地有偿使用作出了明确的规定。1988 年开始进行城市土地有偿使用试点，数年来不断发展，取得显著成效。实践证明，在社会主义商品经济基础上，逐步建立社会主义市场经济体制，实行城市土地有偿使用，发展城市土地市场，对城市土地进行商品化经营管理，建立新的城市土地经济的运行机制，有利于维护和坚持社会主义土地公有制，理顺国家与企业的经济关系；有利于合理利用土地资源，提高土地使用效益，促进土地优化配置；有利于增加国家财政收入，扩大城市建设资金的来源；有利于引进外资，进行土地成片开发，促进对外开放；总之，城市土地有偿使用，有利于改革开放，有利于社会主义生产关系的调整和社会主义市场经济的建设，从而促进社会生产力的迅速发展。但是，城市土地有偿使用，目前尚处在从试点逐步向面上推广的发展阶段，实际操作时还存在许多复杂的迫切需要解决的实际问题，必须从实际出发，制定一系列的方针政策，这就必须以正确的理论为指导。马克思的地租理论，是研究社会主义城市地租的基础，是制定城市土地改革政策的基本依据。我们必须重视对马克思地租理论的研究，重视对社会主义城市地租理论的研究。例如，当前中国土地使用权价格在不同地方呈现许多明显不合理现象：沿海特区和开放城市的地价本应比内地高，现在却出现福建地价与四川相比大幅度降低现象；同样一个地区或同样一个城市，土地批租价格有的很高，有的很低，有的相差数倍，如深圳，最高地价每平方米5000元，最低地价每平方米30元；上海某区一块土地批租价平均每亩13多万美元，另一块开发区土地平均每亩2万多美元。[①] 产生这种现象的原因是：中国现在对土地使用权价格还没有明确规定，在和外商谈判时往往仅凭少数领导人的主观意愿来确定，因此，随着城市土地有偿使用制度的普遍推行，必须加强对地价的研究，建立土地定级估价体系，并相应地建立土地评估队伍。为此，就要运用社会主义城市地租理论，因为土地价格并不是土地价值的表现，土地没有价值（指原始土地），土地价格无非是资本化地租，土地使用权价格无非是若干年地租的一次性支付，这就要研究城市绝对地租、级差地租、垄断地租以及土地资本（金）的折旧和利息，就要研究上述地租的实质及其量的决定和运行规律，用社会主义城市地租理论作为建立土地定级估价体系的理论基础。实践证明，房地产估价与不动产估价核心是地产估价。马克思讲房租时，强调房租的第一要素是地租。房价比较好计算，地价则比较难。房地产交易核心是地产交易，其实质是土地投机。土地与一般商品不同，其价格的特点是：土地区位不同则价格不同，土地用途不同则价格不同，这和级差地租、绝对地租、垄断地租等理论密切联系着。社会主义市场经济要求建立完善的市场体系，这既包括消费品市场，还要包括生产资料市场、资金市场、劳务市场、技术市场，以及房地产市场等等，因此，随着城市土地制度的改革，清理整顿地产市场，推进城市土地市场的发育与完善，促使社会主义市场经济的发展与巩固，是极其重要的实际问题，可见，研究社会主义城市地租，具有极其重要的现实意义。

马克思研究资本主义经济，特别是在分析资本主义基本矛盾的基础上，论证了资本主义社会必然被共产主义社会所取代。马克思所预示的

---

① 全宏：《地价五花八门》，《经济日报》1992年8月26日。

共产主义第一阶段的社会主义，是在生产力高度发展、商品经济高度发展的基础上，取消商品、货币，实行单一的生产资料公有制，在这种条件下，既不存在商品经济，也不存在社会主义地租，所以马克思说："凡是土地私有制（事实上或法律上）不存在的地方，就不支付绝对地租。"① 这里所说的土地私有制不存在，系指资本主义土地所有权不存在，也就是说，资本主义土地所有权不存在，资本主义地租也就不存在了。因为地租是土地所有权在经济上的实现。但土地所有权，既可表现为公有制，也可表现为私有制，按照马克思的理论，只要土地所有权存在，总是要在经济上有所实现，也就要求收取地租。马克思恩格斯在《共产党宣言》中指出，无产阶级夺取政权后，要"剥夺地产，把地租用于国家支出"②。恩格斯在《论住宅问题》中又明确指出："消灭地产并不是消灭地租，而是把地租——虽然形式发生变化——转交给社会。"③ 列宁也说："所谓归国家所有，就是说国家政权机关有权获得地租、有权规定全国共同的土地占有和土地使用的规则。"④ 显然，实现了土地公有制的社会主义国家，有收取社会主义地租的权利，土地公有制并没有消灭地租。可是到了1929年，斯大林在《论苏联土地政策的几个问题》中，把坚持社会主义经济中存在绝对地租的观点，指摘为"资产阶级观点"以后，地租特别是绝对地租在苏联的学术界就销声匿迹，不复存在了。直至20世纪50年代初，苏联才有人提出级差地租问题，但大多数人只承认有级差收益，不转化为级差地租，至于绝对地租则完全持否定态度，不予论及。中华人民共和国成立初期，经济学界基本上是赞同苏联教科书的观点，但随着社会主义经济建设的实践的发展，人们逐渐认识到，由于社会主义土地所有权的存在，社会主义地租的存在也是不可否定的。60年代初期，在农村克服"一平二调"，提倡尊重集体经济的生产资料的集体所有权的情况下，中国首次开展了地租问题的讨论，这次是围绕着在公有制条件

---

① 《马克思致恩格斯（1862年8月2日）》，《马克思恩格斯〈资本论〉书信集》，人民出版社1976年版，第166页。

② 《马克思恩格斯选集》第1卷，人民出版社2012年版，第421页。

③ 《马克思恩格斯选集》第3卷，人民出版社2012年版，第267页。

④ 《社会民主党在1905—1907年俄国第一次革命中的土地纲领（11—12月）》，《列宁全集》第16卷，人民出版社1988年版，第302页。

下农业级差地租是否存在这个主题来进行的。但绝对地租是否存在，仍然是讳莫如深，不敢涉及。随着党的十一届三中全会正确路线的贯彻执行，商品经济迅速发展，城市土地无偿使用的弊端日益突出，土地制度的改革已提上议事日程，因此，20世纪80年代，中国学术界又出现了以社会主义是否存在绝对地租为中心的讨论，当时虽未得出一致结论，但随着改革开放的发展，社会主义地租是客观存在必将为人们所认识。但是从理论上进行明确、系统而深入的研究，还需要理论界的同志和实际经济部门的同志作更多的努力。

实行城市土地有偿使用，需要以社会主义城市地租的理论为指导。马克思创建的科学的地租理论，是在着重研究资本主义农业地租的同时，也研究了非农业地租问题。在《资本论》第三卷第三十七章至第四十七章共11章中，有9章研究农业地租，只是第四十六章研究“建筑地段的地租。矿山地租。土地价格”。因此有人认为，马克思重点研究农业地租，对非农业地租，特别是城市地租研究不够；有人对此持反对意见，认为马克思研究农业地租的规律，对于非农业地租是完全适用的，也就是说，农业地租的理论可以解决城市地租的全部问题。我认为，上述两种看法都有些绝对化。从马克思对地租研究的过程看，他首先着重研究李嘉图的地租理论。李嘉图只承认级差地租，不承认有绝对地租。马克思在1860年以前，着重研究级差地租。在1861年起所写的手稿中，转而研究绝对地租，着重论述在价值规律的基础上绝对地租存在的必然性和可能性。马克思晚年，还收集大量俄国的土地资料，继续研究土地问题。《资本论》第三卷和第四卷（《剩余价值理论》）都是他未发表的手稿，在这些手稿中，着重研究资本主义农业中的地租问题，也涉及非农业中的地租包括城市地租问题，但由于重点是前者，对后者则略而不谈，有些问题尚未涉及。我们现在的任务，就是要以马克思的地租理论为指导，研究社会主义城市地租问题，这种地租，既是城市的，又是社会主义的，因此，如果认为马克思的地租理论已经过时不能对社会主义地租起指导作用则是不对的，反之，如果认为马克思主义关于资本主义的地租理论已解决社会主义城市地租的全部问题，不需要对社会主义城市地租进行系统深入的研究也是不对的。以马克思地租理论为指导，研究改革开放过程中中国城市土地制度改革的新情况、新经验、新问题，建立科学的社会主义城市地租理论，为改革开放服务，这种创造性的理论结合实际的研究，具有重大的理论意义。

那么，怎样理解马克思在《资本论》中所说的“至于建筑上使用的土地，亚当·斯密已经说明，它的地租的基础，和一切非农业土地的地租的基础一样，是由真正的农业地租调节的”①。这句话的基本含义是什么呢？因为正是有些人根据这句话认为马克思关于农业地租的理论已经解决了城市地租的全部问题。

有的人把马克思这句话理解为：农业地租“决定”“支配”“制约”非农业地租；有的人认为这种“决定”，就是以农业绝对地租率来计算城市绝对地租；也有人认为主要指农业地租中的绝对地租、级差地租、垄断地租等形式决定城市地租的形式等等。我认为，如果仔细研究马克思的原文，并不能得出农业地租决定非农业地租的结论。原文明明指出：非农业地租的基础是由农业地租的基础调节的。农业地租的基础是什么？既不能仅仅概括为地租形式，也不能简单化为绝对地租率。应该包括：(1) 地租是土地所有权在经济上的实现形式，不管是公有制还是私有制，都必须有所有权的存在；(2) 土地所有权必须和使用权相分离，这种分离，不是采取无偿调拨形式，而是采取有偿的租赁形式；(3) 必须以商品经济的存在和发展为条件；(4) 在社会主义大生产和商品经济充分发展的条件下，地租形式都可表现为绝对地租、级差地租和垄断地租；这些基本的方面，形成农业地租的基础，城市地租必须受这些基础所调节。也就是说，上述形成农业地租的基础性条件，对于城市地租是完全适用的，因此，以马克思上述原理为指导，研究社会主义城市地租是完全必要的，但这只是一方面，是重要的主导的方面。另一方面，也不能因此认为农业地租的原理完全适用于城市地租，只要把农业地租的理论搬过来，就可解决城市地租的全部问题了。其实，马克思有些关于农业地租的理论，在城市地租中是不能机械搬用、硬套过来的。在这里，我想仅举几个例证供研究参考。

---

① 《资本论》第3卷，人民出版社2004年版，第874页。

例一：马克思是假定在工业无绝对地租的情况下研究农业绝对地租的。马克思指出：在工业中，虽然各部门的资本有机构成有高有低，有机构成低的部门可取得超额利润，形成不同的利润率，但等量资本必须要求取得等量利润，这就引起各部门之间的竞争，发生资本转移，从而使利润率平均化，形成生产价格，因而有机构成低的部门价值超过生产价格的部分，已参加到社会平均化的过程中去，平均到其他部门去了，工业中的这种超额利润，不会转化为绝对地租。农业则不同，由于农业有机构成低于工业有机构成，使得农产品价值高于生产价格，但由于土地所有权的存在，要使用土地必须交纳地租，这就阻挠着非农资本向农业转移，阻碍着利润率平均化，使得农产品只能按照高于生产价格的价值出售，因此，农产品中价值高于生产价格的部分，形成农业中的绝对地租。马克思正是从假定工业中资本转移，利润率平均化，超额利润不转化为地租，而农业中土地所有权阻碍资本转移，不参加利润率平均化，超额利润转化为绝对地租的。上述假定，只是在论证农业绝对地租形成时，才是完全必要的；但能不能由此就认为马克思主张工业中没有绝对地租的存在呢？不能这样认为。马克思曾经说过："一定的人们对土地、矿山和水域等的**私有权**，使他们能够攫取、拦截和扣留在这个特殊生产领域即这个特殊投资领域的商品中包含的**剩余价值超过利润**（平均利润，由一般利润率决定的利润）**的余额**，并且阻止这个余额进入形成一般利润率的总过程。这部分剩余价值，甚至在每个工业企业中也被拦截，因为不论什么地方，都要为使用地皮（工厂建筑物、作坊等所占的地皮）付地租"①。"土地所有权的恰当表现，是绝对地租。"② 这就是说，只要土地使用权存在，租赁土地必须支付绝对地租，工业是如此，其他行业也都如此。可见，马克思也是肯定工业以及其他行业都是存在绝对地租的。如果把农业绝对地租的理论硬套到城市地租中来，就会得出没有城市绝对地租的结论，有的人就是如此认识的，实际上是不符合马克思的思想的。

---

① 《马克思恩格斯全集》第 34 卷，人民出版社 2008 年版，第 34 页。

② 《马克思恩格斯全集》第 34 卷，人民出版社 2008 年版，第 371 页。

例二：马克思认为，农产品价值高于生产价格是农业绝对地租的来源，那么城市绝对地租的来源是否也是价值高于生产价格的差额部分呢？不能这样说。农业中的土地是主要生产资料，通过土地生长出各种农产品，对象化劳动和活劳动所形成的价值都包含在农产品中，因而绝对地租就包含在这种价值和生产价格的差额中。城市呢？有工业、商业、服务业、机关事业单位以及居民住宅等等，因使用土地而必须支付的绝对地租的来源就不可能和农业完全相等。在采掘工业中，土地中蕴藏的矿物质是采掘的劳动对象，构成生产要素，是生产过程的内部条件，其绝对地租的来源，应是矿产品中高于生产价格的剩余产品价值部分。加工工业则不同，土地只是厂房等建设物的载体，是劳动者的工作场所，其绝对地租的来源，只能在有机构成正常条件下进行分析，在这方面，马克思就没有具体论述。至于商业，本身不生产商品，只是经营商品，实现买卖活动，其绝对地租只能从商业利润中扣除。至于住宅，纯粹属于个人生活消费品，在房租中所包含的地租部分，只能来源于工资的扣除。这就形成城市绝对城租的形形色色的不同来源，与农业绝对地租的来源不是完全一样的，因此，不能把农业绝对地租的来源硬套到城市绝对地租来源的头上。

例三：马克思论证农业绝对地租量的运动规律是，在价值和生产价格之间上下波动，究竟是等于价值还是低于价值高于生产价格，则由供求关系决定。这种绝对地租量的运动规律，也不能机械地套到城市地租中来。城市绝对地租有些是通过产品，有些又不是通过产品（如服务业地租、住宅地租）而实现的，它的来源，既然不是产品价值高于生产价格的部分，当然城市绝对地租量的运动规律，也不可能在价值和生产价格之间受供求影响而波动。城市绝对地租量运动规律的上限和下限，必须根据城市地租的实际情况来确定。

例四：马克思在谈到农业绝对地租量发展趋势时说，“在正常条件下，绝对地租只能是微小的”①。能不能把上述估计也搬到城市地租中来呢？不能。随着资本主义在农业中的发展，科学技术不断进步并在农业

① 《资本论》第3卷，人民出版社2004年版，第872页。

中广泛应用，投入农业的土地资本不断增加，农业生产力迅速提高，单位面积产量增加，级差地租不断扩大，绝对地租也就相对缩小。马克思对资本主义农业地租做上述估计是正确的。社会主义城市地租则不同，城市地租水平是和城市生产力水平、城市经济发展水平相适应的，随着改革开放的发展，社会主义城市经济迅速发展，劳动生产率和经济效益不断提高，每平方米的生产率高，营业额高，相应于土地要素所获得的超额利润和平均利润也高，因而绝对地租量与级差地租量都相应地不断增长。以地价为例，从 1959 年到 1979 年的 21 年间，香港住宅用地成交价格增长 87 倍。地价实质上是若干年地租的购买价格。地价上涨，不仅标志着级差地租量的增加，也标志着绝对地租量的增加。可见，城市绝对地租量的发展趋势并不是微小的，更不会等于零。

总之，马克思的地租理论是研究社会主义城市地租的很好的指导，但社会主义城市地租既是城市的，又是社会主义的，必然有许多与资本主义农业地租不相同的新问题，需要运用马克思的理论和方法，进行创造性的研究，建立科学的系统的社会主义城市地租理论，为深化改革，扩大开放，搞好城市土地有偿使用，完善城市土地市场，建设社会主义市场经济体制服务。

附录一

一、马克思的绝对地租理论没有过时

《资本论》第三卷第四十五章对资本主义农业中绝对地租的研究，是马克思地租理论的一个重要方面。马克思指出：在资本主义农业中，由于存在土地私有权的垄断，租佃农业资本家向土地所有者租赁土地，必须支付地租。在资本主义发展的一定阶段上，由于农业落后于工业，农业中的资本有机构成比工业中的资本有机构成低。同量资本可以使用较多的劳动力，推动较多的剩余劳动，形成较多的剩余价值。但由于土地私有权的垄断，阻碍着农业中资本的自由转移，这种较多的剩余价值，不像工业那样参加利润的平均化，因而农产品的价值高于生产价格，形成绝对地租。所以，绝对地租的来源，是农产品的价值超过生产价格的余额。马克思在写给恩格斯的信中曾说：“我必须从**理论上**证明的唯一的一点，是绝对地租在不违反价值规律的情况下的**可能性**。这是从重农学派起直到现在的理论论战的中心点。李嘉图否认这种可能性；我断定有这种可能性。”[①] “由于考虑到了资本的**有机构成**，许多一向似乎存在的矛盾和问题都消失了”。[②] 关于马克思的绝对地租理论，恩格斯写信给他时说：“无论如何，你关于地租的新观点是完全正确的。”[③]

---

① 《马克思致恩格斯（1862 年 8 月 9 日）》，《马克思恩格斯〈资本论〉书信集》，人民出版社 1976 年版，第 167 页。

② 《马克思致恩格斯（1862 年 8 月 9 日）》，《马克思恩格斯〈资本论〉书信集》，人民出版社 1976 年版，第 166 页。

③ 《恩格斯致马克思（1851 年 1 月 29 日）》，《马克思恩格斯〈资本论〉书信集》，人民出版社 1976 年版，第 31 页。

第二次世界大战后，资本主义农业在发展过程中出现了一系列新的变化，突出的问题是：先进科学技术在农业中广泛采用，农业劳动生产率迅速提高，农业中的资本有机构成也迅速地提高了。在农业有机构成迅速提高的情况下，资本主义农业中的绝对地租是否还存在？马克思的绝对地租理论是否已经过时？为此，国内外的一些经济学家开展了广泛的讨论，提出了各式各样的看法。[①] 本文只想就讨论中涉及的几个问题，谈谈自己的意见。

（一）资本主义农业有机构成迅速提高是发展的必然趋势

讨论中首先涉及的一个问题，怎样看待当前资本主义农业中有机构成的发展情况。一种意见认为：在发达资本主义国家，农业资本的有机构成已经达到或至少已经接近工业资本的有机构成；另一种意见则认为：由于资本主义农业有机构成迅速提高，工农业的资本有机构成的差别在逐渐缩小，但还没有达到已经拉平、完全接近，甚至高于工业的情况。这就牵涉怎样看待资本主义农业中的有机构成问题。

由资本的技术构成所决定的价值构成是资本的有机构成。因此，我们首先来看看第二次世界大战后发达资本主义国家农业中的价值构成变化的情况。从不变资本方面看：它是迅速地增加了，这首先表现在使用的农业机械和现代技术装备的大量增长上。以美国为例，1950 年农场共有拖拉机 339.4 万台，载重卡车 220.7 万辆，谷物联合收割机 71.4 万台；到了 1975 年，则有拖拉机 426.3 万台，载重汽车 288.2 万辆，谷物联合收割机 62.8 万台。[②] 其次，从战后美国使用的动力方面来看，农业上使

---

① 关于苏联、保加利亚、匈牙利、民主德国、波兰等国学者的讨论文章，可参阅《世界经济和国际关系》杂志，1996 年第 1、5、6、7、10、11 期，1967 年第 2、7、9 期，1968 年第 2、8、10、11、12 期，1969 年第 5 期，以及［苏］H. H. 伊诺泽姆采夫等主编的《现代垄断资本主义政治经济学》上册，上海译文出版社 1978 年版，第 314—330 页。关于近年来国内的讨论文章甚多，目录不详列。

② 摘自 1976 年《美国统计摘要》。

用电力的农场，1950 年占全部农场的 78%，1971 年则增长到 98.4%。这说明，农业中的不变资本在迅速增加。从可变资本方面看：农业中的可变资本量则绝对地减少。这首先表现为农业劳动力人数的绝对减少。仍以美国为例，1950 年在业农业劳动力为 176 万人，占全国在业劳动力的 12.1%，占全国人口的 4.7%。1972 年在业农业劳动力为 347 万人，占全国在业劳动力的 4.2%，占全国人口的 1.6%。同一时期，农业雇佣劳动的人数在急剧下降，如以 1972 年与 1950 年相比就减少了 118 万人。可变资本的绝对减少，是农业生产力发展的一个主要特点，它标志着农业劳动力在国民收入中所占的比重迅速下降。

马克思在研究绝对地租时曾经指出："有机构成相等的各个资本，可以有不同的价值构成；价值构成的百分比相等的各个资本，可以处于有机构成的不同阶段上，从而可以表示劳动社会生产力的不同的发展阶段。因此，单是农业资本在价值构成上已经达到一般水平这一情况，并不证明，劳动的社会生产力在农业资本中已经发展到同样高的水平。"① 所以，考察农业资本有机构成时，不仅要从价值构成方面来看，而且要从能够表示社会劳动生产力发展的技术构成方面看。仍以美国为例，1976 年，农业中的每个职工平均拥有的机器价值为 15.08 万美元，而 1975 年，加工工业中每个职工平均只有 14.705 万美元。1977 年，平均每个劳动力的生产性资产为 12.1 万美元，而工业中每个职工的平均数还不到 10 万美元。近 20 年来，美国农业劳动生产率提高了 3.1 倍，而工业劳动生产率只提高了 1.7 倍。这说明，每个农业劳动者所推动的生产资料量增加了，劳动生产率提高了，农业的技术构成提高了。由技术构成的提高而引起的价值构成的提高，从而造成有机构成的提高。据统计，1950 年美国农场购买生产资料（不包括土地）的开支占总生产开支的比例只达 74%，工资开支为 26%，则有机构成为 2.9∶1。而 1976 年购买生产资料的开支则占总生产开支的 77%，工资开支只占 23%，则有机构成为 3.5∶1。农业有机构成的这种提高，是以农业科学技术迅速发展、农业劳动力绝对减少、不变资本迅速增加为特点的。

---

① 《资本论》第 3 卷，人民出版社 2004 年版，第 866—867 页。

但是，由于农业生产的特点，如季节性、自然生长过程和社会生产过程相交替、占地广阔等等，使得农业资本的技术构成与工业有所不同。例如，由于农业生产占地广阔，使用的发动机和动力设备就远远高于工业，而工作机的比重则比工业低得多，因此，尽管农业劳动的动力装备大大高于加工工业，也不能由此确定农业的劳动生产率一定会高于工业。这就是说，有些问题，单纯从统计资料的对比中，是无法加以确切地说明的。又如：以农业劳动力绝对减少的数字而论，其中并没有包括大量的流动农业工人和童工，因而统计数字本身也很难说具有绝对的准确性。因此，仅从统计数字上绝对地做出农业有机构成已经接近、或赶上、或超过工业的有机构成，或者说，两者的差别只是在缩小，但差别依然显著地存在，都不能轻易地做出结论。但不管怎样，战后 20 余年来，发达资本主义国家农业有机构成迅速提高，已是不容争辩的事实。不管是现在已经接近工业的构成也好，还是仍有差别、但日益缩小也好，在今后的发展中，也必然会接近或赶上工业的有机构成，就是说，不管是现在，还是在不久的将来，农业有机构成终将会接近或赶上工业的有机构成的。这一点，马克思在写作《资本论》时就早已预见，他说："这里的前提是，农业资本比非农业资本的一个同样大的部分推动更多的劳动，差额有多大，或者这个差额一般是否存在，这取决于农业和工业相比的相对发展程度。按照事物的本性来说，随着农业的进步，这个差额必然会缩小。"[①] 在《剩余价值理论》中他又指出："工业发展到一定阶段，这种不平衡必定开始缩小，就是说，农业生产率必定比工业生产率相对地增长得快。"[②]

（二）在资本主义农业有机构成与工业相等的情况下，绝对地租是否消失

在资本主义农业的有机构成与工业的有机构成完全相等的条件下，

---

① 《资本论》第 3 卷，人民出版社 2004 年版，第 872 页。

② 《马克思恩格斯全集》第 34 卷，人民出版社 2008 年版，第 119 页。

绝对地租是否存在？这是讨论的中心问题。马克思当时就已预见到这点，他说："如果农业资本的平均构成等于或高于社会平均资本的构成，那么，上述意义上的绝对地租，也就是既和级差地租不同，又和以真正的垄断价格为基础的地租不同的地租，就会消失。……乍一看来，这似乎是矛盾的：一方面假定农业资本的构成提高，也就是说，它的不变部分比它的可变部分相对地增大，另一方面又假定土地产品的价格上涨到足以使新的、比以往耕种的土地更坏的土地也能支付地租，而这种地租在这种情况下只能来自市场价格超过价值和生产价格的余额，简单地说，只能来自产品的垄断价格。"[①] 根据马克思的这段话，有些同志说，绝对地租已经消失，存在的只是垄断地租；有些同志则相反，认为由垄断价格形成的绝对地租依然存在。

我认为，争论的焦点之一是：必须把绝对地租产生的原因、条件、来源区分清楚。认为农业有机构成与工业相等，绝对地租就不复存在的观点，可能是把农业有机构成低于工业，看成是绝对地租产生的原因了。其实，绝对地租产生的原因，不是农业资本有机构成低于工业，而是由于土地所有权，即土地私有者对土地的垄断。由于土地为私人所占有，不管什么人租种土地，必须对土地所有者支付报酬，即支付绝对地租。马克思说："如果最坏土地 A……不提供一个超过生产价格的余额，即地租，就不可能被人耕种，那么，土地所有权就是引起这个价格上涨的原因。土地所有权本身已经产生地租。"[②] 这就是说，土地私有权的存在，是绝对地租产生的直接原因。列宁也曾说过："说马克思认为绝对地租是由于农业资本构成低下而产生的，这是不对的。绝对地租是土地私有制产生的。"只是由于"土地私有权的垄断妨碍竞争把'构成低下的'资本的利润拉平。否认绝对地租，就是否认土地私有权的经济意义"[③]。显然，在产生绝对地租的原因——土地私有权依然存在的条件下，只是由于农业资本有机构成与工业相等，就认为绝对地租已经消失，是不妥当的。

---

① 《资本论》第 3 卷，人民出版社 2004 年版，第 865 页。

② 《资本论》第 3 卷，人民出版社 2004 年版，第 854 页。

③ 《社会民主党在 1905—1907 年俄国第一次革命中的土地纲领（11—12 月）》，《列宁全集》第 16 卷，人民出版社 1988 年版，第 265—266 页。

尽管它在某一方面的条件和来源发生了变化，只要产生绝对地租的原因仍然存在，还有产生它的另一方面的条件和来源，绝对地租也就依然存在。

既然土地所有权是产生绝对地租的直接原因，那么能不能说土地所有权就是绝对地租的直接来源呢？不能。马克思所说的"土地所有权本身已经产生地租"，并不是说土地能够创造价值，能够创造地租。而是从土地所有权的角度出发，要租种土地，即使是租种最坏的土地，也要向土地所有者支付地租。正是由于土地私有权对土地的垄断，在农业资本有机构成低于工业的情况下，阻碍着资本向农业自由转移，阻碍着利润率的平均化，使得农产品的价值高于价格，并使农产品的市场价格按价值出售，或按低于价值但高于生产价格的价格出售，这就使得一部分剩余价值转化为绝对地租。可见，土地所有权，是产生绝对地租的直接原因，农业有机构成低于工业只是产生绝对地租的条件，而农产品价值高于生产价格，使得一部分剩余价值转化为绝对地租，这是绝对地租的直接来源。如果产生绝对地租的条件消失了（农业有机构成等于工业），产生这种绝对地租的来源也就不复存在了，但是，产生绝对地租的直接原因依然存在，只能是：上述条件下形成绝对地租的来源消失了，另一种条件下形成的绝对地租的来源就会产生，或者说，一种"意义上"的绝对地租消失了，另一种"意义上"的绝对地租仍然是存在的。可见，消失的不是全部绝对地租，而是"上述意义上的绝对地租"。有的同志对马克思所说的"上述意义上的绝对地租"的消失作了绝对的理解，认为所有的绝对地租都已消失，其实，马克思这句话的意思是：由农业资本有机构成低而产生的绝对地租消失了，但并不是一切绝对地租都消失了，实际上，另一种意义上的绝对地租是依然存在的。

另一种意义上的绝对地租是什么呢？这就是马克思在上述那段话里所说的：由于土地私有权的存在，产生了对土地的垄断，要租种土地，必须向土地所有者支付地租，这样，就使得农产品的市场价格，不能仅仅按价值来售卖（在农业有机构成与工业相等的条件下，如仅按价值售卖，只能提供平均利润，不能产生超额利润，因而也就不能提供绝对地租），必须以高于价值的市场价格来售卖，这种"来自市场价格超过价值和生产价格的余额”就转化为绝对地租。在这里，产生绝对地租的直接原因依然是土地所有权，其条件是对土地的垄断，其来源是市场价格超过价值或生产价格的余额，也就是来自于垄断价格。[①] 由此可见，在产生绝对地租的直接原因仍然存在的情况下，一种条件下产生的绝对地租消失了，另一种条件下产生的绝对地租依然存在，问题的关键在于：要区分两种不同意义上的绝对地租。

对上述《资本论》的引文，把它区分为两种不同意义上的绝对地租，并不是对《资本论》原意的歪曲。其实，马克思在其他有关地方，实际上也是这样看的。例如：

当马克思谈到绝对地租的本质时，就是把上述两种意义上的绝对地租加以并列的。马克思说：“只要真正的农业地租单纯是垄断价格，那么，这种垄断价格只能是微小的；同样，无论产品价值超过它的生产价格的余额是多少，在正常条件下，绝对地租也只能是微小的。因此，绝对地租的本质在于……”[②] 这说明，马克思把上述这两种情况，都是当作绝对地租看的，仅是对前者加了个分号以示区别，接着就做出“因此，绝对地租的本质……”的论断。特别是他还指出，这种由垄断价格所形成的是“真正的农业地租”，而不是由特殊生产条件下的垄断价格所决定的垄断地租。这种“真正的农业地租”，也就是因土地所有权而直接产生的地租。实质上就是绝对地租（至于级差地租的产生原因，是由于土地经营权的垄断，与土地所有权无关）。

当马克思谈到绝对地租的先决条件时，他指出：“绝对地租的先决条件或者是产品价值超过它的生产价格以上的已经实现了的余额，或者是超过产品价值的垄断价格。”[③] 显然，马克思在这里已经区分了两种不同意义上的地租都是绝对地租，所以把这两者都作为绝对地租的先决条件来看待。

---

① 关于这一点，马克思曾说：“特别是遇到土地所有权的垄断的障碍，以致有可能形成一个高于生产价格和高于受垄断影响的商品的价值的垄断价格……”（《资本论》第 3 卷，人民出版社 2004 年版，第 975 页）。这就说明了形成另一种意义上的绝对地租的条件和来源。

② 《资本论》第 3 卷，人民出版社 2004 年版，第 872 页。

③ 《资本论》第 3 卷，人民出版社 2004 年版，第 910 页。

当马克思在谈到地租对小土地所有制有无影响时，他说："但我们已经看到，只有在两种情况下，地租，从而资本化的地租即土地价格，才能作为决定的因素加入土地产品的价格。第一种情况是，由于农业资本（这个资本和购买土地的资本毫无共同之处）的构成，土地产品的价值高于它的生产价格，市场情况又使土地所有者能够实现这个差额。第二种情况是存在垄断价格。"① 在这里，马克思虽未明确指出这两种情况都是绝对地租，但结合上段关于绝对地租先决条件的引文看，从马克思自己所说的"但我们已经看到"的引言看，上述两种情况，和绝对地租的两个不同先决条件，是完全一致的，这也可作为由垄断价格而产生绝对地租的旁证。

马克思的绝对地租理论，是建立在劳动价值理论的基础上的。如果说，前一种意义上的绝对地租，是依据劳动价值理论来说明的，那么，后一种意义上的绝对地租，即农产品以高于价值的垄断价格而产生的绝对地租，是否会违反劳动价值理论呢？不会的，马克思自己对此也曾有所说明，他说：如果剩余价值平均化为平均利润的过程在不同生产部门内，"遇到人为的垄断或自然的垄断的障碍，特别是遇到土地所有权的垄断的障碍，以致有可能形成一个高于生产价格和高于受垄断影响的商品的价值的垄断价格，那么，由商品价值规定的界限也不会因此消失。某些商品的垄断价格，不过是把其他商品生产者的一部分利润，转移到具有垄断价格的商品上"②。这同利润率平均化一样，只是一部分利润的转移。所不同的是：平均利润必须通过部门之间的竞争而形成，由垄断价格所转移的利润，只是通过产品的销售而实现。其最终源泉，都是工人或农民在剩余劳动时间内所创造的剩余价值。

波兰学者 M. 麦向科费斯基在研究现代资本主义国家农业的绝对地租时，就曾仿照级差地租Ⅰ、级差地租Ⅱ的办法，把由农业资本有机构成低于工业有机构成而产生的绝对地租，称为绝对地租Ⅰ；把农业资本有机构成等于或超过工业有机构成而产生的绝对地租，称为绝对地租Ⅱ，

---

① 《资本论》第 3 卷，人民出版社 2004 年版，第 915 页。
② 《资本论》第 3 卷，人民出版社 2004 年版，第 975 页。

明确区别两种不同意义上的绝对地租，客观地反映了绝对地租的两种不同来源，看来还是有一定的道理的。[①]

(三) 对几种看法的商榷

一种意见认为：由垄断价格而产生的地租，已经不是绝对地租，而是垄断地租了。在上述《资本论》引文中，不是只说垄断价格产生地租，并没有说是产生绝对地租吗？其实，我们如果仔细阅读引文就可以看出，马克思在这里指的就是绝对地租。在上述引文中马克思指出，由于农业资本的有机构成等于工业的有机构成，“上述意义上的绝对地租”“就会消失”。接着他又说：“乍一看来，这似乎是矛盾的”，一方面，由于农业有机构成与工业有机构成相等，这部分绝对地租的来源消失了；另一方面，由于土地所有权的垄断，租种土地，必须支付地租，所以农产品的市场价格要高于价值或生产价格，这种市场价格高于价值的部分，会转化为地租，“而这种地租在这种情况下”[②]，“只能来自产品的垄断价格”。“这种”地租是什么呢？联系上文看，不是明显地指绝对地租吗？在这里，既未研究级差地租，也未研究垄断地租，如果不是指绝对地租，那指的是什么地租呢?!

认为由垄断价格所形成的地租都是垄断地租的观点，是把两种不同的垄断价格混为一谈了。马克思曾经指出：“要区分两种不同情况的垄断”[③]。一种是“自然的垄断”[④]，即对特殊自然条件的垄断，在这种自然条件下生产出来的特殊产品，是一般条件下生产不出来的。如驰名国内外的茅台酒，是用贵州怀仁县当地的泉水酿造成的，离开了那里的泉水，

---

① ［波］M. 麦向科费斯基：《绝对地租Ⅱ》，苏联科学院世界经济和国际关系研究所编：《世界经济与国际关系》1968年第3期，第22—24页。

② 着重号是引者加的。

③ 《资本论》第3卷，人民出版社2004年版，第876—877页。

④ 《资本论》第3卷，人民出版社2004年版，第975页。

用同样的原料、配方和技术，都无法生产出这种名酒。因此，茅台酒的市场价格就会以高于价值的垄断价格出售，这种价格“只决定于购买者的购买欲和支付能力”[①]，由这种垄断价格形成的地租可以称为垄断地租（马克思有时把这种垄断价格称为“真正的垄断价格”[②]）。“在这里，是垄断价格造成地租”[③]。另一种是“人为的垄断”[④]，即由土地所有权对土地的垄断，只要土地被私人所占有，不管是好地和坏地，要向土地所有者租种土地，都必须支付地租。如不支付地租，土地就不能被耕种。租地经营的农业资本家如把农产品只按价值或生产价格出售，只能取得平均利润，无法交纳地租；如把平均利润的一部分作为地租来交纳，农业资本家得不到平均利润，也就不会对土地进行投资，因此，只有将农产品的市场价格以高于价值或生产价格的垄断价格来出卖，由垄断价格而取得的市场价格高于价值或生产价格的余额，转化为绝对地租，这也就是另一种意义上的绝对地租。在这种情况下，“地租就会造成垄断价格”[⑤]。可见，两种不同的垄断价格，形成了两种不同的地租，只不过前者是垄断特别优异的自然条件的结果，后者是由土地私有权对土地垄断的结果。有的同志认为马克思在这里是“要区分两种不同的垄断地租”[⑥]。实际上，马克思是区分了两种不同的垄断价格而产生的两种不同的地租，并不是区分两种不同的垄断地租。

再进一步说，两种不同意义上的绝对地租，都可以说是由垄断价格产生的。马克思说：“无论这个绝对地租等于价值超过生产价格而形成的全部余额，还是只等于其中的一部分，农产品总是按垄断价格出售”[⑦]。不管它的市场价格是高于价值，还是等于价值，还是小于价值但高于生产价格，这种市场价格也都是垄断价格。为什么呢？从后一种意义上的

---

① 《资本论》第3卷，人民出版社2004年版，第876页。
② 《资本论》第3卷，人民出版社2004年版，第864页。
③ 《资本论》第3卷，人民出版社2004年版，第877页。
④ 《资本论》第3卷，人民出版社2004年版，第975页。
⑤ 《资本论》第3卷，人民出版社2004年版，第877页。
⑥ 《资本论》第3卷，人民出版社2004年版，第975页。
⑦ 《资本论》第3卷，人民出版社2004年版，第862页。

绝对地租看，在上段中已经分析过，不再重复。从前一种意义上的绝对地租看，即从农业有机构成低于工业而产生的绝对地租看，由于土地私有权对土地的垄断，阻碍着资本向农业中自由转移和利润率的平均化，所以农产品价格不像工业品那样，按社会生产价格出售，而是按高于社会生产价格的价值出售，所以马克思说："农产品的垄断在于：它们不像价值高于一般生产价格的工业品那样，会平均化为生产价格。"① 可见，在上述两种不同意义上的绝对地租，在一定程度上，都可以说是由垄断价格形成的。如果说，垄断价格只能产生垄断地租，或者是，马克思的上述分析不正确；或者是，绝对地租等于垄断地租，两者只是同义词。否则，就必须否定垄断价格也能产生垄断地租的论断。

又一种意见认为，由农产品市场价格高于价值的垄断价格而形成的是绝对地租，"不过它已经不是原来'范畴意义上'的绝对地租，而只是形式意义上的绝对地租了（因为它已经不是由农产品价值高于生产价格而多余的剩余价值所形成的地租）"②。由什么来区分范畴意义上的绝对地租和形式意义上的绝对地租呢？看来，他们是认为，前者是由农业有机构成低于工业，农产品价值高于生产价格，后者是由农业有机构成等于工业，农产品的市场价格高于价值这二者的差别而区分的。我认为，这种看法是值得商榷的。从范畴的意义上说，一定的经济范畴是一定的生产关系的理论表现，资本主义农业中的绝对地租这个范畴，是资本主义农业中生产关系某一方面的表现，它是所有权的结果。简单地说，资本主义农业中的绝对地租，是土地所有者凭借土地私有权垄断所取得的地租，这算是绝对地租的概念或定义，它具有一定范畴上的意义。如仅就此而论，不管是由农业有机构成低于工业，农产品价值高于生产价格而形成的一种意义上的绝对地租，还是因农业有机构成等于工业，但农产品市场价格高于价值而形成的另一种意义上的绝对地租，都反映着资本主义农业中对土地私有权的垄断，都反映着资本主义农业中生产关系

① 《资本论》第3卷，人民出版社2004年版，第862页。

② 参见《经济科学》1981年第4期，第26页。

的某一方面，两者都具有一定范畴上的意义，怎能只把前者称为范畴意义上的绝对地租，而后者却又不是呢?！从形式意义上说，租地经营的农业资本家，把从劳动者身上剥削到的一部分剩余劳动所创造的剩余价值，以货币形式，作为地租交给土地所有者，在这里，不管是由农产品的价值高于生产价格的余额，还是农产品的市场价格高于价值的余额，它都是一定的剩余劳动时间内所创造的剩余价值，它一般都采取货币形式，而这些货币所表现的物质形态则是一定量的剩余产品，所以，从形式的意义上说，不管是农产品价值高于生产价格的余额，还是农产品的市场价格高于价值的余额，它们都采取用货币表现的地租形式，由租地经营的农业资本家交付到土地所有者手中。可见，它们在形式上又都是共同的，又怎能只把后者称为形式意义上的绝对地租呢？难道前者就不具有绝对地租的形式吗？难道后者只有绝对地租的形式，而无绝对地租的内容吗?！如果说，绝对地租仅仅在形式上存在，其内容、实质已不存在，那么，在这种绝对地租形式上所包含的内容是什么呢？这种由农产品市场价格高于价值而产生的余额，当然不会是级差地租。如果说是垄断地租，那就干脆说是垄断地租好了，又何必称之为绝对地租的形式呢？难道能够说它在形式上是绝对地租，在内容上是垄断地租吗？如果其内容不是垄断地租，又不是级差地租和绝对地租，那么这究竟是什么内容的地租呢？资本主义地租是一个概念，它包含级差地租、绝对地租和垄断地租，难道这仅仅是一般概念上的地租，又不分别属于这三者的某一范围内，成为一种特殊内容的地租吗？承认绝对地租只具有形式上的意义，这等于说绝对地租在本质上已不存在，归根结底，还会导致否定绝对地租的存在。

也许有人说，马克思把因农业有机构成低于工业，农产品价值高于生产价格而形成的地租，称为绝对地租的本质。一旦农业有机构成等于工业，上述条件发生变化，绝对地租在本质上就已不复存在了，难道不能因此说明它只具有形式上的意义了吗？其实，上述两种不同意义的绝对地租，和级差地租Ⅰ、Ⅱ是不同的。级差地租Ⅰ、Ⅱ是级差地租的两种形式，不管是土地肥沃程度和位置的远近，还是由追加投资有不同的生产率，两者是同时存在，并且可以在同一块土地上产生，或交叉地进行，或相反地进行。上述两种不同意义上的地租则不然，农业有机构成是低于工业还是等于工业，就整个社会平均来说，两者必居其一，或者是低于，或者是等于，两者是不可能同时并存的，因此，在“低于”的情况下，绝对地租也能由农产品的价值高于生产价格而产生；在“等于”的情况下，绝对地租也能由农产品的市场价格高于价值而产生。这两种意义上的地租，表示着资本主义农业发展的两个不同阶段。在资本主义工业充分发展、农业还落后于工业的情况下，就会出现“低于”的情况，因而产生前一种意义上的绝对地租；在资本主义发展到较高的阶段，农业劳动生产率已与工业相接近，就会出现“等于”的情况，这时就会产生后一种意义上的绝对地租。马克思所处的时代是“低于”的情况的时代，他面对当时的实际，进行了分析研究，指出当时绝对地租的本质在于土地所有权阻碍资本的自由投资和利润率的平均化，从而出现了农产品价值高于生产价格而形成的绝对地租。但是，当资本主义农业向前发展到“等于”的情况下，前一种意义上的绝对地租消失了，后一种意义上的绝对地租出现了，旧的质丧失了，新的质产生了，由土地私有权垄断而产生的垄断价格，使农产品市场价格高于价值形成绝对地租，就成为绝对地租在新情况下的新的来源和新的内容，这也是绝对地租的本质。可见，把后一种意义上的绝对地租，看成是只具有形式，其本质和内容都已丧失，是不符合资本主义发展的现实的。

另一种意见是：由垄断价格所形成的绝对地租的来源有两个途径，即一个来源是垄断价格，另一个来源是“在租金的名义下，把他的租佃者的一部分利润甚至一部分工资刮走”[①]。我认为，后一点，不能看成是绝对地租的来源。马克思在《资本论》第三卷第三十七章中就已指出，为了科学地分析地租，不能把地租和租金相混同。农业资本家交给土地所有者的全部租金中，除去纯粹的地租外，还可能包括平均利润的一部

① 《马克思恩格斯全集》第34卷，人民出版社2008年版，第446页。

分和工资的一部分，以及“投入土地的资本的利息”。“如果租地农场主支付的租金是一种扣除，不管是从他的工人的正常工资中做的扣除，还是从他自己的正常平均利润中做的扣除，那么，他支付的并不是地租”[①]，即没有支付真正的地租。可见，把由租金名义下从租佃者那里刮走的一部分平均利润和一部分工资，当作绝对地租的来源，是不妥当的。尽管目前发达资本主义国家农业工人的工资较低，有的中小农场主的平均利润在正常的平均利润以下，这部分工资和平均利润确实都被土地所有者刮走，但这只是在租金的形式下刮走的，不属于纯粹形态上的地租的范围，更不是绝对地租的来源。马克思在《剩余价值理论》中所说的那段话[②]，指在“等于”的情况下，如果农产品的市场价格按价值来售出，不能支付任何地租，这样，或者是没有人来租耕土地，土地所有者只好自己耕种它；或者是租种者交付租金，这种租金只是工资和平均利润的一部分，它已不属于纯粹形态上的地租了。

从前一点看，它来源于垄断价格，这是对的。但垄断价格中由市场价格高于价值的这部分余额，又是从哪里来的呢？马克思谈到垄断价格时指出：“某些商品的垄断价格，不过是把其他商品生产者的一部分利润，转移到具有垄断价格的商品上。剩余价值在不同生产部门之间的分配，会间接受到局部的干扰，但这种干扰不会改变这个剩余价值本身的界限。”[③] 他又说：在地租以垄断价格为基础时，“如果我们只考察产品本身，不同的就只是剩余价值的分割；但是，如果我们考察它和其他商品比较而言的相对价值，区别就只在于，其他商品里包含的剩余价值，将会有一部分转移到这种特殊的商品上来”[④]。可见，这种绝对地租的来源，仍然是整个社会所生产的总剩余价值的一部分，所不同的只是，不是直接地由生产过程转化，而是间接地通过销售和实现的过程进行剩余价值的再分配。当然，农产品的市场价格高于价值的部分也可能因工人购买生活消费品而成为对工资的扣除，这实质上就是掠夺劳动者的必要劳动，

① 《资本论》第3卷，人民出版社2004年版，第855页。
② 指另一种意义的引文。
③ 《资本论》第3卷，人民出版社2004年版，第975页。
④ 《资本论》第3卷，人民出版社2004年版，第969页。

也是造成无产阶级贫困化的因素之一。在资本主义国家中，上述这两部分，都是通过价格体系和直接的行政手段来实现的，都是劳动者所创造的新价值的一部分，都是对劳动者进行剥削的结果。但和“低于”条件下产生的绝对地租相比，它已不仅仅是农业雇佣工人所创造的一部分剩余价值的转化，而且还要包括工人及其他劳动者所创造的剩余价值的一部分，以及工农业劳动者的必要劳动的一部分，这就形成了两种不同意义上的绝对地租在来源上的差别。

二、有关绝对地租的几个争论问题

（一）一个似是而非的矛盾

马克思关于资本主义绝对地租的理论，是从农业有机构成低于工业有机构成，从而农产品价值高于其社会生产价格出发的。当代资本主义国家农业生产力的迅速发展，农业有机构成接近或高于工业有机构成，还是仍然有一段差距，这是学术界正在进行争论，需要根据大量的实际数据来进行研究的问题。但不管是现在还是将来，随着农业生产力的发展，农业有机构成将会出现与工业有机构成相等的趋势。假定在上述有机构成完全相等的情况下，资本主义绝对地租是继续存在还是完全消失，这是国内外学术界正在热烈争论的问题。不管是主张"完全消失"，还是主张"继续存在"的研究者，都从马克思著作中找到有关论述作为根据。如何正确理解这些有关论述，就成为研究当代资本主义绝对地租的一个重要问题。

主张"完全消失"的研究者，经常引证马克思《剩余价值理论》中的如下一段话："由于农产品价值下降，一般利润率提高，绝对地租就可能降低。由于资本有机构成的变革，农产品价值下降，虽然利润率这时并不提高，绝对地租也可能降低。一旦**农产品的价值**和它的**费用价格**彼此相等，从而农业资本具有非农业资本的那种平均构成，绝对地租就会完全消失。”[①] 此外，他们引证马克思在 1862 年致恩格斯的信中所说的：“假定一切非农业资本的**平均**构成是 c80，v20，……如果农业资本的平均构成等于 c60，v40……那就证明农业还没有达到和工业相同的发展阶段。……如果农业中的比例等于 c80，v20（在上述前提下），那末**绝对地租**就会消失。”[②]

主张“继续存在”的研究者，往往引证马克思《资本论》第三卷的如下一段话：“如果农业资本的平均构成等于或高于社会平均资本的构成，那么，上述意义上的绝对地租，也就是既和级差地租不同，又和以真正垄断价格为基础的地租不同的地租，就会消失……乍一看来，这似乎是矛盾的：一方面假定农业资本的构成提高，也就是说，它的不变部分比它的可变部分相对地增大，另一方面又假定土地产品的价格上涨到足以使新的、比以往耕种的土地更坏的土地也能支付地租，而这种地租在这种情况下只能来自市场价格超过价值和生产价格的余额，简单地说，只能来自产品的垄断价格。”[③] 这就是说，在工农业有机构成相等的条件下，由农产品价值高于生产价格而产生的前一种意义上的绝对地租虽已消失，由农产品垄断价格高于价值和生产价格而产生的后一种意义上的绝对地租依然存在。

从上述引文看，好像是一个矛盾：前者肯定绝对地租已完全消失，后者则认为绝对地租继续存在。对上述“矛盾”应如何理解呢？

《剩余价值理论》是马克思 1862 年 3 月至同年 12 月间写成的笔记手稿，马克思给恩格斯的这封信写于 1862 年 8 月 2 日，上述两段引文，反映了马克思在 1862 年对绝对地租研究的结果。至于《资本论》第三卷地租篇的草稿，是马克思在 1865 年下半年写成的。1862 年期间，正是马克思研究绝对地租取得全新理论成果的时期。马克思的绝对地租理论是在批判古典学派的基础上创建起来的。古典学派的创始人威廉·配第，已经意识到有级差地租的存在，但他的见解，既过于简单，又不成体系。

① 《马克思恩格斯全集》第 34 卷，人民出版社 2008 年版，第 444 页。

② 《马克思致恩格斯（1862 年 8 月 2 日）》，《马克思恩格斯〈资本论〉书信集》，人民出版社 1976 年版，第 165 页。

③ 《资本论》第 3 卷，人民出版社 2004 年版，第 865 页。

亚当·斯密是在经济学说史上第一个系统研究地租的人，他把地租看成是“一种垄断价格”，地主获得地租是土地私有权的结果。他不仅分析了级差地租，还在实际上肯定了绝对地租的存在（虽然他还未明确提出绝对地租的概念）。他不把地租包括在农产品价值的范围之内，认为是由农产品供不应求，市场价格高于价值的部分在流通中产生的，这就不可能把地租理论建立在劳动价值论的基础上。李嘉图则不然，他坚持用劳动价值论解释地租的形成，把地租理论建立在劳动价值论的基础上，因而对级差地租提出一些有益的见解（尽管他对级差地租的分析还有错误），但却否认绝对地租的存在。他认为如果承认有绝对地租，就要承认农产品的价格在价值以上售卖，就会否定社会必要劳动时间决定商品价值量和等价交换的规律。他为了坚持劳动价值论，只得否认绝对地租。但是在实际上，绝对地租是客观存在着的。这就赋予马克思一个时代的历史任务，即如何在劳动价值论的基础上，科学地创建资本主义绝对地租的理论。在 19 世纪 40 年代和 50 年代，马克思和恩格斯都曾研究过地租问题，他那时主要研究级差地租。1847 年马克思写《哲学的贫困》一书时，虽曾精辟地提出有关地租理论的科学论点，分析了李嘉图观点中错误的东西，但这时他“还完全接受李嘉图的地租论”。[①] 1851 年马克思已较详细地分析了李嘉图地租理论的错误，[②] 但由于当时科学的劳动价值论还未最终形成，特别是还没有建立起科学的平均利润和生产价格理论，因而不可能提出并研究绝对地租问题。1857—1858 年的《经济学手稿》，建立了科学的彻底的劳动价值论，创建了平均利润和生产价格理论。因而在 1861—1863 年的手稿中，就可能而且必须在全面批判李嘉图理论的同时，创建新的绝对地租理论，解决了资产阶级经济学家争论不休而又无法解决的难题。马克思在 1862 年写给恩格斯的信中说，“我必须从**理论上**证明的唯一的一点，是绝对地租在不违反价值规律的情况下的**可能性**。这是从重农学派起直到现在的**理论**论战的中心点。李嘉图否认这种可能性；

---

① 《马克思致恩格斯（1869 年 11 月 26 日）》，《马克思恩格斯〈资本论〉书信集》，人民出版社 1976 年版，第 296 页。

② 《马克思恩格斯全集》第 48 卷，人民出版社 2007 年版，第 155—161 页。

我断定有这种可能性”。[①] 可见，马克思在1862年期间，研究绝对地租的主要中心点，是要在劳动价值论的基础上创造性地阐明资本主义绝对地租的形成问题。从农业有机构成低于工业出发，由于土地私有权的垄断，使得农产品价值高于社会生产价格，从而使这一部分超额利润转化为绝对地租。正是在这个针对性意义上，马克思证明了：由于农业有机构成低于工业，产生绝对地租；如果农业有机构成与工业相等，绝对地租就会消失。

现在我们再来分别看看上述两处引文就会更加清楚了。上述《剩余价值理论》第二册第447页那段引文，纯粹是针对农业有机构成的高低而言。该段前一句的意思是：虽然农产品价值下降，但平均利润率提高了，这时绝对地租就可能降低；但如果由于资本有机构成的变化，引起农产品的价值下降，这时，虽然平均利润率并不提高，绝对地租也可能降低。这就是说，由于有机构成的变化而引起绝对地租的降低，这是一种情况。该段后一句的意思是：如果农业有机构成和非农业有机构成相等，农产品价值就不会再高于它的生产价值，而是与生产价格相等，这时，绝对地租就会消失。这又是一种情况。上述两种情况，都是针对农业有机构成的变化引起绝对地租的变化而言的。至于上述1862年8月2日马克思致恩格斯信的那段引文，也是针对农业有机构成的变化，论证绝对地租的变化。那么，现在的问题在于：马克思为什么特别重视农业有机构成对绝对地租的影响呢？在上述信件中，马克思自己说：“由于考虑到了**资本的有机构成**，许多一向似乎存在的矛盾和问题都消失了……”[②] 正是由于马克思发现了农业有机构成低于工业这一状况，农业资本就能推动更多的劳动，从而实现更多的剩余劳动，使农产品的价值高于它的生产价格，更由于土地私有权的存在，阻碍工业部门的资本向农业中自由转移，从而使这部分剩余劳动所创造的超额利润，转化为绝对地租。这样，农产品的市场价格按它的价值出售，既符合价值规律的要求，又包含了绝对

---

① 《马克思致恩格斯（1862年8月9日）》，《马克思恩格斯〈资本论〉书信集》，人民出版社1976年版，第167页。

② 《马克思致恩格斯（1862年8月2日）》，《马克思恩格斯〈资本论〉书信集》，人民出版社1976年版，第166页。

地租的实现。可见，马克思从农业资本有机构成低于工业的情况出发，解决了在劳动价值论的基础上建立绝对地租理论的问题，也解决了古典学派特别是李嘉图所无法解决的难题。对农业资本有机构成的分析，是马克思创建地租理论的关键。所以马克思往往针对农业资本有机构成的变化，来论述它对绝对地租增加、减少以至消失等一系列影响。但是必须注意，农业有机构成低仅仅是资本主义绝对地租产生的条件，而绝对地租产生的根源则在于土地所有权本身，地租无非是土地所有权在经济上的实现形式。资本主义绝对地租无非是资本主义土地私有权在经济上的实现形式。所以在上述信件中，马克思又曾针对资本主义土地私有制来谈绝对地租的消失问题。他说："凡是**土地私有制**（事实上或法律上）**不存在**的地方，就不支付绝对地租。"[①] 据此，从相反的方面说，如果存在着土地私有制，绝对地租就会依然存在。马克思在上述信件中就是针对上述两方面分别论述绝对地租的消失问题的。如果从上述两方面统一起来理解，即消灭了土地私有制和农业有机构成和工业相等二者都同时出现的条件下，绝对地租就会消失。但如出现另一情况，即资本主义土地私有权依然存在，但工农业有机构成已经相等，这时，绝对地租是否存在呢？马克思在该信中对此没有进行研究，当时也不必要对此做出答案。但实际经济生活的发展表明，上述情况却是客观存在着的。

经过两年多的时间以后，马克思在 1865 年下半年写成的《资本论》第三卷地租篇草稿，除了对他建立起来的崭新的绝对地租理论进行详细的说明以外，还在上述理论的基础上进一步地补充、完善和发展。在前述《资本论》的引文中，马克思指出：在农业有机构成与工业有机构成相等的条件下，不同于级差地租、垄断地租的那种上述意义上的绝对地租就会消失，这就出现了一个"似乎是矛盾"的现象，一方面有机构成相等，绝对地租就应该消失；另一方面是由于土地私有权存在，即使租种更坏的土地也要支付地租，在这种情况下，即在有机构成虽然相等但土地私有权仍然存在的情况下，"这种地租"（指绝对地租）不能再像以

---

① 《马克思致恩格斯（1862 年 8 月 2 日）》，《马克思恩格斯〈资本论〉书信集》，人民出版社 1976 年版，第 166 页。

前那样来自农产品价值高于生产价格的差额，而只能来自市场价格超过价值和生产价格的余额，这种农产品的市场价格，也是垄断价格，所以这种意义上的地租，“只能来自于产品的垄断价格”。这就解决了他在1862年所没有涉及的在工农业有机构成相等但土地私有权依然存在的条件下，前一种意义上的绝对地租完全消失、后一种意义上的绝对地租出现以后并继续存在的问题。这样，他就为1862年所创建的绝对地租理论增加了一系列的新内容，例如：后一种意义上的绝对地租问题；这种绝对地租只能来源于垄断价格的问题；这种垄断价格并不与价值规律相矛盾的问题；产生绝对地租的两个先决条件问题；两种不同的垄断价格，即“自然的垄断”和“人为的垄断”，从而引起垄断价格产生地租和地租产生垄断价格等一系列问题，这都是马克思在1865年《资本论》第三卷地租篇手稿对1862年他所创立的绝对地租理论的新发展。不仅如此，在《资本论》第三卷中，还进一步纠正了他在1862年沿袭的李嘉图个别错误观点。例如，李嘉图认为，劣等地即“肥力极小的土地决不能生产任何地租”[①]。而马克思在1862年也曾说过：“即使假定绝对地租存在，也决不能由此得出结论说，在任何情况下最坏的耕地或最坏的矿山也都是支付地租的”[②]。可是在《资本论》第三卷第四十四章，专门论述最坏的耕地也有级差地租；在第四十五章论述绝对地租时又指出，由于土地所有权的存在，最坏土地也必须提供绝对地租，否则最坏土地就不可能被人耕种。这就说明：马克思在1865年写作《资本论》第三卷时，又进一步详细考察了他1862年所创建的绝对地租理论，并使其进一步发展和完善化。

总之，我们不能用马克思1862年的手稿来否定1865年的手稿，相反，应该用1865年手稿来补充、充实、发展1862年的手稿。

---

① ［英］李嘉图：《政治经济学及赋税原理》，郭大力等译，商务印书馆1962年版，第346页。

② 《马克思致恩格斯（1862年8月9日）》，《马克思恩格斯〈资本论〉书信集》，人民出版社1976年版，第167页。

（二）三种不同含义的垄断价格

既然在工农业有机构成相等情况下后一种意义上的绝对地租仍然存在，而这种绝对地租又“只能来自产品的垄断价格”，那么，这种垄断价格应该做何理解呢？一种意见认为：这种垄断价格是指帝国主义时期的“以国家垄断资本主义为基础的资本垄断价格”①。另一种意见认为：由这种垄断价格所形成的“绝对地租”已转化为“垄断地租”。② 再一种意见是：这种垄断价格是普遍意义上的垄断价格，它形成后一种意义上的绝对地租。我认为：对垄断价格的上述三种不同理解，恰恰表明了垄断价格具有三种不同含义，只有区分这三种不同含义的垄断价格，才能弄清楚是哪一种含义上的垄断价格带来的绝对地租。

资本主义发展到垄断阶段，造成了垄断资本对经济生活的全面统治。垄断组织为了攫取垄断高额利润，垄断了商品生产和销售市场，人为地规定垄断价格，通过高价售卖和低价收购，攫取垄断高额利润。但是必须注意，这种垄断价格，是垄断阶段垄断组织所特有的主要价格形式，它反映了垄断时期的经济特征。它不仅在农业中，而且在工业中，在所有的产品和行业中，都普遍地存在着。它所反映的是经济生活中的全面垄断，但并不能反映土地私有权的垄断和土地经营权的垄断的实质，当然也就不能用以说明绝对地租的产生。因此对上述引文中的“垄断价格”的含义，不能当作垄断时期的“资本垄断价格”来理解。

马克思曾经指出：在农业中有两种不同情况的垄断，一种是“自然的垄断”，一种是“人为的垄断”。③ “自然的垄断”系指对特殊自然条件所产生的垄断，由垄断特殊自然条件所产生的垄断价格，马克思称之为

---

① 王积舒：《资本主义地租若干问题探讨——兼及社会主义地租问题》，《辽宁大学学报》（哲学社会科学版）1983 年第 5 期。

② 罗节礼：《当前资本主义农业中的非级差地租》，《教学与研究》1980 年第 6 期。

③ 《资本论》第 3 卷，人民出版社 2004 年版，第 975 页。

"真正的垄断价格"。[①] 在这里，由于特殊的自然条件，提供出独特的产品，从而产生独特的垄断价格，在这种垄断价格中包含着超额利润，又由于土地所有者对该自然条件具有土地所有权，因而就使这部分超额利润转化为地租，在这里是垄断价格产生地租。"这种垄断价格既不是由商品的生产价格决定，也不是由商品的价值决定，而是由购买者的需要和支付能力决定。"[②] 这种只由购买者的购买欲和支付能力决定的垄断价格，与一般生产价格或产品价格所决定的价格无关。由这种垄断价格而产生的地租，不是绝对地租，而是垄断地租。可见，由"自然的垄断"而产生的"真正的垄断价格"，只能产生垄断地租。所谓垄断价格产生垄断地租，就是指的这种情况。

至于"人为的垄断"，即由土地所有权而产生的对土地的垄断，这既包括对土地私有权的垄断，也包括对土地经营权的垄断。马克思指出："如果由于土地所有权对在未耕地上进行不付地租的投资造成限制，以致谷物不仅要高于它的生产价格出售，而且还要高于它的价值出售，那么，地租就会造成垄断价格。"[③] 这就是说，只要土地被私人占有，要向土地所有者租种土地，不管是好地或坏地，都要支付地租。如果在工农业有机构成相等的情况下，农产品的市场价格只按其价值或生产价格出售。租地经营的农业资本家只能取得平均利润，无法交纳绝对地租。如果他把平均利润的一部分作为地租交纳，农业资本家得不到平均利润，他就不会对土地进行投资。因此，只有将农产品的市场价格提高到价值或生产价格以上来出卖，这种市场价格，也就是垄断价格，即由"人为的垄断"而造成的垄断价格。由土地所有权而产生的垄断价格，由这种垄断价格而取得的高于价值或生产价格的余额，形成超额利润，转化为绝对地租，即转化为另一种意义上的绝对地租。在这种情况下，"地租就会产生垄断价格"。马克思把这种垄断价格称为普遍意义上的垄断价格，以与上述"真正的垄断价格"相区别。可见，由上述两种不同的垄断价格，就会产生两种不同的地租，即由"自然的垄断"所决定的垄断价格，形

① 《资本论》第3卷，人民出版社2004年版，第864页。
② 《资本论》第3卷，人民出版社2004年版，第864页。
③ 《资本论》第3卷，人民出版社2004年版，第877页。

成垄断地租；由“人为的垄断”所决定的垄断价格，形成另一种意义上的绝对地租。有的同志认为：两种不同垄断价格产生两种不同的垄断地租，因而“要区分两种不同的垄断地租”[①]，显然是不符合马克思的原意的。我们说由垄断价格而产生的绝对地租，仅仅是指由“人为的垄断”而形成的“普遍意义上的垄断价格”。既不能把上述两种不同的垄断价格混为一谈，也不能把两种不同形式的地租即把垄断地租和绝对地租混为一谈。

从某种意义上说，“农产品总是按垄断价格出售”[②]。如果在农业有机构成等于工业有机构成的情况下，农产品的垄断价格必然高于其价值或生产价格。即使在农业有机构成低于工业有机构成的情况下，由于土地私有权对土地的垄断，阻碍着资本向农业自由转移，阻碍着利润率的平均化，所以农产品的市场价格，不像工业品那样只按社会生产价格出售，而是按高于生产价格的价值出售。在这里，“无论这个绝对地租等于价值超过生产价格的全部余额，还是只等于其中的一部分，农产品总是按垄断价格出售”。“农产品的垄断在于：它们不像价值高于一般生产价格的工业品那样，会平均化为生产价格。”[③] 这就是说，形成前一种意义上的绝对地租的农产品的市场价格也是垄断价格，也是由土地私有权的垄断形成的。可见，不管形成哪一种意义上的绝对地租的农产品价格，都是垄断价格。所以列宁说：“绝对地租是由土地私有制产生的。这种地租包含有垄断成分，垄断价格的成分。”[④]

总之，垄断价格的三种不同含义，对地租有着不同的关系。只有“普遍意义上的垄断价格”，才会形成绝对地租。

也许有人问，由垄断价格而带来的后一种意义上的绝对地租，会不会违背价值规律呢？对此，马克思早已有了答案，他说：“如果各不同生产部门中剩余价值平均化为平均利润的过程，遇到人为的垄断或自然的

---

① 罗节礼：《当前资本主义农业中的非级差地租》，《教学与研究》1980年第6期。

② 《资本论》第3卷，人民出版社2004年版，第862页。

③ 《资本论》第3卷，人民出版社2004年版，第862页。

④ 《社会民主党在1905—1907年俄国第一次革命中的土地纲领》（11—12月），《列宁全集》第16卷，人民出版社1988年版，第262页。

垄断的障碍，特别是遇到土地所有权的垄断的障碍，以致有可能形成一个高于生产价格和高于受垄断影响的商品的价值的垄断价格，那么，由商品价值规定的界限也不会因此消失。某些商品的垄断价格，不过是把其他商品生产者的一部分利润，转移到具有垄断价格的商品上。”① 这和利润平均化一样，只是由一部门转到另一个部门而已。当然这和前一种意义上绝对地租的价值实现有所不同。前者转化为绝对地租的剩余价值部分，来自于农业内部，是由农业工人创造的；后一种意义上的绝对地租所体现的剩余价值部分，则来自于全社会，它不仅来自于农业工人剩余劳动所创造的剩余价值的一部分，而且也包括工业等其他劳动者剩余劳动所创造的剩余价值的一部分。

也许还有人问：说绝对地租来源于垄断价格，会不会是重复了斯密的错误观点呢？的确，斯密曾经说过：“作为使用土地的代价的地租，当然是一种垄断价格。”② 斯密虽未明显划分绝对地租与级差地租，但实际上却肯定有绝对地租存在。但是斯密的地租理论基本上是错误的。他虽然承认地租是一种垄断价格，但他不懂得价值与生产价格的区别，因而也就不可能懂得由个别生产价格低于社会生产价格之间的差额形成级差地租，更不可能懂得由价值高于社会生产价格之间的差额形成绝对地租。他无法在劳动价值论的基础上说明地租的来源，因而把地租看成是垄断价格，看成是在农产品价值以上的销售加价。他认为，这种体现着销售加价的垄断价格，是在流通中由供求决定的。这就由劳动价值论转到供求决定价值论的错误轨道上去。当他感到用上述说法不能令人信服时，又转而认为地租是“地主借给农业资本家使用的自然力的产物”③。可见，他虽然承认垄断价格带来地租，但却不能用科学的观点来说明它。马克思批判他时说：“在斯密那里，最深刻的见解和最荒谬的观念就这样奇怪地交错在一起，而这种荒谬的观念，就是从竞争现象抽象出来的庸俗意识所形成的东西。”④ 可见，斯密的上述提法虽然与马克思的提法基本相

① 《资本论》第3卷，人民出版社2004年版，第975页。
② ［英］亚当·斯密：《国民财富的性质和原因的研究》，商务印书馆1981年版，第136页。
③ ［英］亚当·斯密：《国民财富的性质和原因的研究》，商务印书馆1981年版，第333页。
④ 《马克思恩格斯全集》第34卷，人民出版社2008年版，第389—390页。

同，但实际含义却是完全不一样的。

（三）从级差地租到绝对地租的研究

以1862年《剩余价值理论》手稿与1865年《资本论》第三卷地租篇手稿相比较，可以看出，在分析绝对地租的次序上有所不同。在《剩余价值理论》中，马克思首先着重研究绝对地租，然后再研究级差地租。可是到了《资本论》第三卷中，首先着重对级差地租进行研究，然后才转而研究绝对地租。为什么马克思在分析的次序上，以及在研究的着重点上发生这样的变化呢？这就需要从马克思对地租理论的研究和创造的发展过程来考察。

李嘉图是古典学派的典型代表，他既提出了许多有益的见解，但又有许多错误的东西。他承认级差地租的存在，但又否认绝对地租。他的地租定义实质上只是级差地租的定义。马克思从19世纪40年代开始一直到1851年，特别是在《伦敦笔记》中，着重批判了李嘉图级差地租理论的错误，一方面批判了李嘉图把级差地租看成是自然的、永恒的、一切社会共有的"用于一切时代和一切国家的土地所有权"[①] 的错误，另一方面又着重批判了李嘉图把级差地租形成条件、前提说成是原因，并且把级差地租的存在同从优等地到劣等地这样一种耕种的序列，同"土地收益递减规律"以及同谷物价格的不断提高联系起来的错误，从而系统地创建了马克思关于级差地租的全新理论。1851年1月29日恩格斯给马克思的回信中说："你关于地租的新观点是完全正确的"，"这使你有进一步的理由获得地租问题经济学家的称号"[②]。这就是说，在50年代初，马克思已经彻底批判了李嘉图级差地租理论的错误，系统地创建了新的级差地租的理论。接着，就要着重研究绝对地租，批判李嘉图否定绝对地租的错误了。由于1857—1858年的手稿已在劳动价值论的基础上建立起

① 《马克思恩格斯全集》第4卷，人民出版社1958年版，第186页。
② 《马克思恩格斯全集》第48卷，人民出版社2007年版，第170—172页。

平均利润和生产价格理论，所以在1862年的手稿中，才能着重研究绝对地租问题。因此，在《剩余价值理论》中，着重批判李嘉图否认绝对地租的错误着重研究绝对地租的来源、存在原因和存在条件，从而建立起崭新的绝对地租理论。从着重研究级差地租到着重研究绝对地租的发展过程，又是同他创建科学的劳动价值论、创建平均利润、生产价格理论密切联系着的。如果马克思还未创建平均利润、生产价格理论，立即着手研究绝对地租，那就不可能把绝对地租理论建立在劳动价值论和平均利润、生产价格理论的基础上。如果这样，马克思的绝对地租理论也是创建不起来的。从马克思整个经济理论形成的历史来分析，对马克思地租理论的形成和发展过程才会有所理解。同时也才能理解：为什么马克思在《剩余价值理论》中着重研究绝对地租，很少研究级差地租。

实际上，马克思在1865年写作地租篇手稿时，起初也是先写了绝对地租的部分，然后再写级差地租部分。但在该稿快要写完时，马克思又决定把次序颠倒过来，即把级差地租放在绝对地租的前面。现在《资本论》第三卷第821页，仍然保存了马克思写的关于调整这一章内容次序的提纲。马克思指出："对地租进行考察的各个项目如下：A. 级差地租。……B. 绝对地租。C. 土地价格。D. 关于地租的结论。"[①] 正是根据这一提纲，恩格斯在《资本论》第三卷序言中说："手稿是从第三十七章开始，接着是第四十五章至第四十七章，然后才是第三十八章至第四十四章。"由于"马克思在第四十三章（在手稿中是地租篇的最后一部分）发觉有必要把全篇提纲简略地概括一下"[②]，重新列了一个提纲，改变了叙述顺序，所以，"恩格斯依据这个计划对各章作了适当的调整"[③]。现在的问题是：马克思在手稿将要写成时，为什么还要反过来作上述调整，即把级差地租放在绝对地租的前面，并用更多的篇幅来进行阐述呢？而恩格斯又如何领会马克思的原意，在编辑《资本论》第三卷时，将手稿作上述调整呢？

---

① 《资本论》第3卷，人民出版社2004年版，第821页。

② 《资本论》第3卷，人民出版社2004年版，第10页。

③ ［苏］格·阿·巴加图利亚、维·索·维戈茨基：《马克思的经济学遗产》，马健行译，贵州人民出版社1981年版，第110页。

从实质上看，级差地租的形成是完全符合资本主义生产方式的实质的。这是因为：级差地租首先是由农业生产部门的剩余劳动所创造的超额剩余价值转化为超额利润，其形成条件和工业生产部门超额利润的形成条件是一样的；所不同的只是，工业部门的超额利润，由于资本的自由转移而日益呈现平均化趋势；而农业生产部门的这种超额利润，由于存在着土地经营权的垄断，阻碍着资本向农业的自由转移，使得这部分超额利润，能够长期稳定地存在并转化为地租归土地所有者占有。这就是说，级差地租的形成条件，是属于资本主义性质的。绝对地租则不同，它完全是由于农业生产部门存在着土地私有权的垄断所形成的。要租种土地，即使租种劣等地，也要支付地租，如不支付地租，土地就不能被耕种。所以，即使对资本主义生产方式来说，绝对地租也是一个“赘瘤”。因为在研究资本主义生产总过程时，只能根据资本主义的特点，依次对利润、平均利润、生产价格、商业资本与商业利润、生息资本与利息以及级差地租进行考察。然后才把绝对地租作为剩余价值的一种特殊的转化形态放在最后加以考察，这才符合资本主义经济的发展程序，因而就不能像在《剩余价值理论》中那样，把绝对地租放在级差地租之前来研究。

从逻辑上看，研究剩余价值、利润以及超额利润转化为地租等各种形式，即属于剩余价值部分的东西，以农产品作为具体对象来进行分析，首先必须和c、v部分区别开来。马克思在《资本论》第三卷，一开头就是先分析成本价格，然后才分析利润及其一系列转化形式的。以劣等地所生产的农产品而言，首先包括c、v的成本部分，然后加入平均利润部分，从而形成劣等地农产品的个别生产价格，然后再论证这种个别生产价格被决定为农产品的社会生产价格，其他中等地、优等地农产品按社会生产价格出售，取得个别生产价格低于社会生产价格之间的差额，形成超额利润，转化为级差地租。在研究确定农产品社会生产价格的基础上，再分析农业有机构成低于工业因而农产品价值高于社会生产价格这一特殊现象，这部分差额就转化为绝对地租。可见，在农产品价格中，首先包括成本部分，其次包括平均利润部分，再次包括级差地租部分，最后才包括绝对地租部分，按这样的逻辑次序来分析，就会具体而细致并一目了然地反映出农产品价格或价值所包含的各个组成部分的内容，也才易于为人们所理解。如果倒转过来，先从绝对地租分析开始，在没有论证农产品社会生产价格如何确定之前，就先来分析价值如何高于社会生产价格，往往会使人们如坠五里云雾之中，茫然不知所以。可见，先由级差地租然后再进入对绝对地租的分析，是分析地租这一经济范畴的逻辑进程的客观要求，马克思对地租的上述说明，就是按照这个顺序来进行的。

从方法论上看，马克思在《资本论》第一卷序言中就已指出，研究方法和叙述方法是不同的。研究方法的任务是：详细占有材料，分析这些材料的占有形式，探寻这些材料的内在联系；而叙述方法的任务是：由现象到本质，由具体到抽象地叙述现实的经济运动，从而揭示其运动的规律性。就《剩余价值理论》中着重研究绝对地租而言，目的在于批判李嘉图否认绝对地租存在的错误，阐明资本主义绝对地租产生的原因、条件、来源及其表现形式等等。把绝对地租理论建立在劳动价值论的基础上，这就要详细占有材料，进行分析研究，从而揭示其运动的规律性。这是由研究方法所决定的。但对绝对地租以及级差地租一旦都已研究清楚，这就要根据它们内部的有机联系，按照逻辑顺序，一步一步地层层深入地进行说明。所以，不管马克思在 19 世纪 50 年代对级差地租理论的创建还是在 60 年代对绝对地租理论的创建，都是属于研究过程。一旦研究任务已经达到，需要综合地系统地进行说明时，就要在研究的基础上，采用叙述方法。《资本论》第三卷中先对级差地租然后再对绝对地租进行的论述，是马克思在研究的基础上对叙述方法的具体运用。

三、有关虚假的社会价值的几个争论问题

马克思在《资本论》第三卷第三十九章研究级差地租时，曾经谈到农产品的“虚假的社会价值”问题，国内外学术界对此有不同理解，自20世纪五六十年代起就不断地进行争论。马克思究竟从什么意义上把资本主义级差地租看成是虚假的社会价值？这种虚假的社会价值的来源是什么？它如何“由市场价值规律造成”[①]？在中国当前的社会主义经济中，虚假的社会价值是否已经消灭等等，是争论中的主要问题。本书对此提出个人看法，供进一步研究讨论。

（一）资本主义级差地租是虚假的社会价值的一种形式

什么是虚假的社会价值？它的实际含义是什么？中国学术界大体上有三种意见。一种意见是以骆耕漠为代表。他认为，在资本主义条件下，“农产品的价值也与一般商品的价值一样……总是由优、中、劣条件下的个别价值的加权平均来决定”，即都由平均劳动来决定；至于农产品的市场价格，都属于垄断价格，则由劣等地的个别价值决定；因此“这个垄断价格和农产品的真正的社会价值之差……才是马克思所确立的‘虚假的社会价值’”。[②] 简言之，骆耕漠所理解的“虚假的社会价值”，即农产品市场价格高于社会价值之间的差额。另一种意见是以许涤新为代表。

---

① 《资本论》第3卷，人民出版社2004年版，第745页。

② 骆耕漠：《关于如何正确理解“虚假的社会价值”问题》，《经济研究》1964年第6期。着重点是引者加的。

当他在谈到《资本论》例证360先令的超额利润转化为级差地租时指出："这360先令的超额利润，并不是客观地存在的实际价值，并不代表实际的劳动时间，而只是一种虚拟的社会价值"[①]，因而把"虚假的社会价值"理解为市场价值与实际价值之间的差额。连写文章和他商榷的刘新文也赞同这种看法。[②] 又一种意见是以卫兴华为代表。他认为："农产品的社会价值，不是由平均生产条件来决定，而是由劣等地的生产条件来决定。这样，农产品的社会价值、平均价值和中等条件下的个别价值，便是三个相互不等的量。社会价值大于平均价值，社会价值总和大于个别价值总和，从而产生了价值以上的差额"，"这个差额，等于级差地租的总和，它就是马克思所指的'虚假的社会价值'"。[③] 简言之，虚假的社会价值，等于全部农产品的社会价值总和大于个别价值总和之间的差额。[④]

马克思对"虚假的社会价值"并没有用一句简单的话来下定义，而是在分析级差地租时提出这一范畴的。马克思指出，农产品的价值决定与工业品不同，工业品的社会价值是由平均生产条件下所决定的社会必要劳动时间形成的，农产品的社会价值则是由劣等地生产耗费的个别劳动时间所决定的社会必要劳动时间形成的。以表Ⅰ为例[⑤]，有A、B、C、D四级土地，预付资本均为50元，A是劣等地，B、C、D是中等地和优等地，A地小麦产量为1担，B地2担，C地3担，D地4担，A地每担小麦的个别生产价格为60元，但A地的个别生产价格决定着社会生产价格，因而每担小麦的社会生产价格为60元；B地每担小麦的个别生产价格为30元，C地为20元，D地为15元，因而全部产品（10担小麦）的

---

① 许涤新：《论社会主义的生产、流通与分配：读〈资本论〉笔记》，人民出版社1979年版，第520页。着重点是引者加的。

② 刘新文认为："在资本主义制度下，由于价值规律的作用，劣等地的农产品的个别价值成为农产品的市场价值，因而农产品的市场价值总量与实际价值总量之间就产生了一个差额。这个差额构成'虚假的社会价值'。"（刘新文：《关于社会主义制度下农产品的价值决定问题——与许涤新同志商榷》，载《经济研究》编辑部编：《社会主义再生产、所有制、商品价值问题》，山东人民出版社1982年版，第267页）

③ 卫兴华：《关于价值和"虚假的社会价值"》，《新建设》1962年第4期。

④ 卫兴华：《关于农产品的价值决定与"虚假的社会价值"问题》，《光明日报》1964年7月27日。

⑤ 参见《资本论》第3卷，人民出版社2004年版，第735页和第744页。第735页的表Ⅰ中数据单位为"夸特""先令"，文中为方便表述改为"担""元"。

个别生产价格共为 240 元，但每担小麦的市场价格假定都是按社会生产价格 60 元出卖，则 10 担小麦的社会生产价格共为 600 元，这就是说，10 担小麦的社会生产价格要比它的个别生产价格贵 360 元，即贵 250%，或两倍半出卖，这种由社会生产价格高于个别生产价格的 360 元，转化为级差地租，形成虚假的社会价值。马克思在分析了上述例证后接着说："这是由在资本主义生产方式基础上通过竞争而实现的市场价值所决定的；这种决定产生了一个虚假的社会价值。"① 可见，这 360 元的级差地租，是虚假社会价值的一种形式，或者说，虚假的社会价值，在这里，是依附在这 360 元农产品的物质实体中。因此，简单地说，虚假的社会价值，是指农产品中个别生产价格和社会生产价格之间的差额部分。从量的方面看，相当于级差地租的量；从质的方面看，也就是提供为级差地租的那部分价值；从形式上看，级差地租则是虚假的社会价值的一种表现形式。

表Ⅰ

土地等级	产　量		预付资本	利　润		地　租	
	夸特	先令		夸特	先令	夸特	先令
A	1	60	50	$\frac{1}{6}$	10	—	—
B	2	120	50	$1\frac{1}{6}$	70	1	60
C	3	180	50	$2\frac{1}{6}$	130	2	120
D	4	240	50	$3\frac{1}{6}$	190	3	180
合　计	10	600	—	—	—	6	360

必须注意，马克思对地租理论的说明，是由级差地租再转入绝对地租的。这是在逻辑顺序上的合理安排。因为级差地租是社会生产价格高于个别生产价格之间的差额，绝对地租则是价值高于社会生产价格之间的差额，只有先说明了级差地租，才有利于进一步说明绝对地租。但是，

① 参见《资本论》第 3 卷，人民出版社 2004 年版，第 744—745 页。

当绝对地租尚未进行说明时，马克思仍然按照《资本论》第三卷第五篇对工业品的分析方法，把“市场价格”“市场价值”，暂时等同于“社会生产价格”。[①] 马克思把体现为虚假社会价值的上述 360 元，认为“是由在资本主义生产方式基础上通过竞争实现的市场价值所决定”，这里所说的“市场价值”，实即指社会生产价格。这句话无非是说明，虚假的社会价值，是由资本主义生产方式和价值规律发生作用的结果。这是因为：在资本主义生产方式下，由于土地有限，特别是优等地更加有限，一旦土地被资本家垄断经营以后，其他的资本不能自由移入，这就会使农业中的超额利润固定化；正是由于土地的资本主义经营垄断，优等地、中等地生产的农产品不能满足社会需要，必须使劣等地投入耕种，这就使农产品的市场价格，即社会生产价格，由劣等地产品的个别生产价格决定。这就是说，由于供求之故，使优、中等地产品都按劣等地产品的个别生产价格所决定的社会生产价格出售，从而产生个别生产价格和社会生产价格之间的差额，形成虚假的社会价值。可见，虚假社会价值的形成，和农业中的资本主义经营及垄断有关，是竞争和价值规律发生作用的结果。

但是，为什么把它称为“虚假的社会价值”，即在“社会价值”之前冠以“虚假”两字，是不是如许涤新所说，“并不是客观地存在的实际价值”呢？马克思指出：“被当作消费者来看的社会在土地产品上过多支付的东西，社会劳动时间实现在农业生产上时形成负数的东西，现在对社会上的一部分人即土地所有者来说却成了正数。”[②] 所谓“虚假”，是针对实际劳动的耗费而言，并非是说这部分价值在客观上是实际不存在的。这是因为：生产这 10 担小麦的实际劳动时间只等于 240 元，但可以 600 元售出，多支付 360 元，这种支出过多的部分，对社会劳动时间在农业生产的实际，本来是负数的，即社会并没有支出这么多的实际劳动时间（减 360 元），但对土地所有者来说，却成为他的正常收入，成为正数的东西（加 360 元），转化成为级差地租了。可见，这部分价值，只是在实

① 实际上，农产品的社会生产价格加绝对地租部分，才会等于或接近它的社会价值。

② 《资本论》第 3 卷，人民出版社 2004 年版，第 745 页。

际上耗费的劳动总数较少，但在价值关系中被还原成为社会劳动的总量则较多，这个差额不会被抵消，从而在形式上出现了一个虚数。正是在这个意义上，马克思把它称为虚假的社会价值。必须注意，产品的市场价值的决定，“是一种社会行为”，“是以产品的交换价值为依据”。[①] 个别价值或个别生产价格，尽管它会低于或高于社会价值或社会生产价格，在市场上总会按照市场价格出售，即按社会价值或社会生产价格所决定的市场价格出售，在交换价值的关系中进行还原，使社会价值得以实现。如果甲的个别价值低于社会价值，乙的个别价值高于社会价值，不管甲低多少，乙高多少，也不管甲乙相加是否相等，还是甲一小时个别价值可以实现为三小时的社会价值，或乙五小时的个别价值只能实现为一小时的社会价值，那都无碍于社会价值在市场交换中的实现。价值决定，本来只是交换关系中的一种社会行为，这种社会行为，是以客观存在的社会必要劳动时间的消耗为基础的，决不能绝对地认为消耗了多少个别劳动一定要体现为多少社会价值，或者机械地认为乙多消耗个别劳动时间一定要转到甲少消耗的个别劳动时间者的手里，而且在数量上也要相等。这种绝对地机械地把个别劳动消耗和社会必要劳动消耗通过加减转移以致完全相等的观点，实际上是对价值决定“是一种社会行为”的认识不足所致。因此，作为社会价值，或作为反映社会生产价格的市场价值，都是客观存在的价值，不能说在实际上是不存在的；而仅仅是这部分价值和实际消耗的劳动时间相比，产生了一个虚数，在市场交换的社会行为中，被还原成较多的东西。相反，如果说这 360 元的虚假社会价值不是客观上存在的社会价值，那就必然要由 240 元的个别价值来决定实际价值。如果说这种“实际价值”就是“社会价值”，那就等于说社会价值纯粹是由个别价值的机械相加决定的，这就违背了社会价值不是由个别劳动时间决定，而是由社会必要劳动时间决定的原理；也就直接取消了 600 元社会价值的这个概念。如果说这种“实际价值”不等于“社会价值”，“社会价值”的体现仍然是 600 元，那就等于说“社会价值”中的一部分是“实际价值”，另一部分是虚假的、在实际上是不存在的、

① 《资本论》第 3 卷，人民出版社 2004 年版，第 745 页。

空无一物的东西。显然，这样的理解是不妥当的。因此，不能把虚假的社会价值看成是在客观实际上不存在的价值。

现在我们不妨回过头来看：能不能把虚假的社会价值，看成是“农产品的市场价格高于社会价值之间的差额”呢？不能，我们不能把虚假的社会价值理解为社会价值或社会生产价格之外的东西，实际上，它是包含在社会价值或社会生产价格之内的。如果出现农产品的市场价格高于社会价值之间的差额，这既不是级差地租部分，也不是绝对地租部分，因为绝对地租只是农产品社会价值高于社会生产价格的差额，而不是市场价格高于社会价值的部分。能不能把它看成“并不是客观地存在的实际价值”，是“市场价值与实际价值之间的差额”呢？也不能。作为社会价值或市场价值，都是客观地存在着的，都是实际价值，两者之间不应该出现什么差额。如果说这个“实际价值”是指“实际劳动时间”的消耗，那是正确的，但不能用“实际价值”这个词来代表“实际劳动时间”。如果推而论之，“实际劳动时间”等于“实际价值”，“实际价值”又等于“社会价值”，其结果，必然得出个别消耗的实际劳动时间等于社会价值的错误结论，这显然也是不妥当的。至于卫兴华的看法，即社会价值总和大于个别价值总和之间的差额，构成虚假的社会价值，这无疑是正确的，是完全符合马克思的原意的，马克思在《资本论》第三卷第三十九章也是这样分析的。但我认为：如果为了避免以后与社会价值中还包含绝对地租的原理相混同而发生矛盾起见，可以暂不用“社会价值”一词，干脆用“农产品的社会生产价格高于个别生产价格之间的差额”来代替，这既可以避免以后分析绝对地租时在用语上所带来的麻烦，又可以突出地表达农产品的社会生产价格由劣等地产品的个别生产价格来决定的原理。同时，还可以把虚假社会价值与级差地租密切联系起来，以便进一步把级差地租看成虚假社会价值的一种表现形式。

（二）优中等地生产率较高的劳动是虚假的社会价值的源泉

关于虚假的社会价值的源泉问题，国内学术界也有分歧意见。骆耕漠认为："依已形成的农产品垄断价格中的'虚假的社会价值'，它最后是落实到由农产品的消费者来负担；在小麦购买者为工人时，如果他们不能额外增加工资，就要由扣除劳动力的价值（应得的工资）来平衡。"① 曹英耀认为："这种剩余利润是一种虚假的社会价值，那是通过使社会资本的平均利润保持或降低到较低水平而取得的。""因为农产品一方面作为雇佣工人的消费品，加入到工资水平的计算，从而加入到资本家的成本中，另一方面作为工业的原材料，也加入到资本家的成本中。农产品市场价值由劣等条件的价值决定，资本家的成本开支就比按农产品的实际价值计算的成本开支要大，从而平均利润水平要高些。"② 卫兴华认为："作为级差地租的这种超额剩余价值，完全是由农业劳动者的社会劳动创造出来的。而且不是由全体农业劳动者的总劳动，而只是由投入较优等土地上的劳动创造出来的。尽管投入优等地的个别劳动，和投入劣等地的相等，但由于优等地上的劳动生产率较高，产量较大，因而在商品交换关系中，便会表现为更多的社会必要劳动量，表现为更多的社会价值。"③

依照马克思劳动价值论的基本原理，商品价值是凝结在商品体内的人类社会劳动，它体现着商品生产者之间的社会关系。价值是商品的社会属性，它只有通过商品交换关系才能表现出来。作为商品价值的量，又是由社会必要劳动时间决定的。通过交换，私人劳动转化为社会劳动，个别劳动时间实现为社会必要劳动时间，个别价值转化为社会价值。在某商品的社会必要劳动时间已定的情况下，不管个别生产者消耗的个别

① 骆耕漠：《关于如何正确理解"虚假的社会价值"问题》，《经济研究》1964 年第 6 期。
② 曹英耀：《关于马克思级差地租理论的几个问题》，《湖北财经学院学报》1983 年第 4 期。
③ 卫兴华：《关于价值和"虚假的社会价值"》，《新建设》1962 年第 4 期。

劳动时间是多还是少，在市场上，该商品都要按照社会必要劳动所决定的社会价值来售卖。这就造成有的生产者实际消耗的个别劳动少，实现的社会价值量大；相反，有的生产者实际消耗的个别劳动时间多，实现的社会价值量小。前者会取得超额利润，后者就会吃亏。为什么造成上述现象呢？关键在于生产者的劳动生产率不同。先进企业的劳动生产者所拥有的生产条件高于一般平均水平，劳动生产率也高于一般平均水平，因而个别劳动时间可以实现为更多的社会必要劳动时间，个别价值可以还原为更多的社会价值。反之，落后的企业劳动生产率低，情况则完全相反。有人认为：这种先进企业中个别价值低于实现了的社会价值的差额的部分，是由落后企业的劳动者创造出来，并通过交换转移到先进企业来的。这种看法是不对的。这是把计算平均利润和生产价格的方法，错误地运用到个别价值还原为社会价值的领域中来。实际上，价值关系是一种社会行为，工业品的价值量，是根据生产条件，以所消耗的劳动时间进行加权平均确定社会必要劳动量，从而确定该商品的价值量。不管个别劳动消耗多少，在市场上，该商品和其他同种商品一样，都按一定的社会必要劳动时间所决定的价值量来交换。马克思指出："生产力特别高的劳动起了自乘的劳动的作用，或者说，在同样的时间内，它所创造的价值比同种社会平均劳动要多。"[①] 劳动生产率较高的企业消耗的个别劳动时间可以体现为较多的社会价值，仍然是该企业内部工人劳动的结果，根本不可能是把别的企业工人劳动创造的价值转移过来。马克思的上述原理，适用于所有的商品生产部门，不仅适用于工业，而且也适用于农业。但是必须注意，农产品的价值决定除与工业品有共同点之外，也有其特殊性。这就是，由于土地所有权和土地经营权的垄断，以及社会的需求关系，农产品的社会生产价格及社会价值[②]，不是由一般平均的生产条件决定，只是由劣等地生产条件决定。由于这个原因，农产品的

① 《资本论》第1卷，人民出版社2004年版，第370页。

② 有人认为，马克思没有讲过农产品的社会价值由劣等地的生产条件所决定。的确，马克思在《资本论》第三卷中，只说过劣等地农产品的个别生产价格决定社会生产价格。但在《剩余价值理论》中，曾指出农产品的市场价值由劣等地的个别价值所决定。（《马克思恩格斯全集》第34卷，人民出版社2008年版，第341—373页）

个别生产价格才会低于社会生产价格，个别价值才会低于社会价值，这就形成了虚假的社会价值。如前所述，体现为这种虚假的社会价值，并不是不真实的价值，也不是在实际上不存在的价值，而是个别价值在交换过程中还原成的社会价值，即以较少的个别劳动时间实现为较多的社会必要劳动时间，以较少的实际劳动消耗还原为一定量的价值。因此，在这种还原过程中，不管甲企业实现多了，还是乙企业实现少了，都是该企业内部劳动者的劳动所创造的价值的实现，不会存在互相转移的问题。相反，如果转移论者能够成立，则个别劳动者越懒惰，技术越落后，仍然与先进企业同样机械地按劳动时间来计算创造等量的价值，所不同的，只是这种价值不为本企业所获得，而是转移到别的企业去了。这种任何质量的劳动，在相同的时间内都能创造等量的价值的观点，显然是不符合科学的劳动价值论的。农业生产和工业生产相比的另一个特殊性是：土地等自然条件的好坏对农产品产量的高低有重要影响，因而，农业劳动的自然生产率在农产品的生产中，有着重要的作用，它和农业劳动的社会生产率一起，决定着农产品的生产。优、中等地之所以能取得级差地租，并体现着这部分虚假的社会价值，和农业劳动的自然生产率紧密相关，但是绝不能认为，虚假的社会价值是由自然生产率产生的，或是由土地等自然条件创造出来的。有些资产阶级经济学家宣扬土地创造地租，也就是由此立论的。实际上，自然条件再好，没有人类劳动的加入，任何农产品是生产不出来的，劳动的自然生产率只有与劳动的社会生产率相结合，即必须与人的劳动相结合，才能生产出产品来。在资本主义社会里，劳动的自然生产率会转化为资本的生产力，其成果不是由劳动者取得，而是由资本取得；在农业中，由于土地所有权和对土地经营的垄断由劳动自然生产率转化为资本生产力所取得的剩余利润，转化为级差地租，归土地所有者占有。有的同志把虚假的社会价值，看成不是实际存在的价值，不是由劳动创造的，而是由自然条件带来的，显然是对上述特点认识不足所致。

骆耕漠把虚假的社会价值的来源，看成是由农产品的消费者来负担的观点，显然是和他对虚假社会价值含义的理解密切相连的。如前所述，他认为虚假的社会价值是农产品市场价格高于社会价值的部分，也就是只有价格并无价值的部分，这只有通过卖高价的方式，由消费者来支付。看来，他立论的经典根据是马克思说过的："被当作消费者来看的社会在土地产品上过多支付的东西……"① 因而他就认为这是由消费者来支付了。如果仔细推敲这句话的原意，重点不是指消费者，而是指社会。从作为消费者的整个社会来说，是支付过多了，即农产品按其社会价值来支付，这种社会价值，超过其实际耗费的劳动时间，取得了360元的虚额。这种社会价值，是在市场上，通过交换而还原、而实现的。既然这是一种"社会行为"，是社会承认的（马克思在本段前已指出），社会的支付超过了其实际的个别劳动消耗，所以是支付过多了。这就是说，马克思的上述引文只是说明个别价值通过交换而还原、而实现为社会价值的问题，并非指这部分是由消费者来支付的问题。显然，这种虚假的社会价值，属于有价格、无价值，通过卖高价由消费者来负担的说法，是不符合马克思的原意的，因而是不正确的。

曹英耀把虚假的社会价值看成是来源于社会资本的平均利润部分，好像与骆耕漠的观点不相同，但从实质上看，基本上是一致的。曹英耀也是从这部分虚假的社会价值是由市场价格高于社会价值的前提出发，也是由消费者支付这部分来着手进行分析的。所不同的只是：如果购买者是工人，则要增加工资，工资增加了，则要增加工业品的成本，相对地则要降低剩余价值量；如果购买者是资本家，用作原材料生产同样也会增加成本；成本加大，平均利润就要降低，这就是说，虚假的社会价值部分，不是本企业的农业工人创造的，而是通过在价值以上卖高价的方式，由工业等别的企业，通过降低平均利润的办法，把一部分剩余价值转移过来的。这样，虽然从理论上说明了这部分仍然来源于对剩余价值的剥削，但其根本出发点是：不承认虚假的社会价值是农产品社会价值的组成部分，错误地认为是价格超过价值的部分，在大前提上和骆耕漠的观点是一致的，所不同的，只是进一步发挥的具体细节有所差异而已。

总之，对虚假的社会价值的来源必须与其基本概念密切联系起来理

① 《资本论》第3卷，人民出版社2004年版，第745页。

解：虚假的社会价值是客观存在的社会价值，是农产品价值之内的一个有机组成部分。所谓虚假，只是相对于实际劳动时间的消耗而言，因而它的来源，不可能因价格超过价值而由消费者负担，也不可能把别的部门、别的企业的平均利润转移过来，只能是优、中等地劳动者劳动所创造的剩余价值的一部分，这种劳动，是通过自乘的劳动，还原为较多的社会价值。这就是虚假的社会价值的真正的源泉。

（三）在商品经济存在的社会主义阶段，虚假的社会价值不会消失

在中国当前的社会主义阶段，虚假的社会价值是否消失，中国学术界也有不同答案。有的认为已经消失、不复存在了；有的认为仍然存在着；还有的认为在全民所有制的农业中已不存在，但在集体所有制的农业中继续存在。

许涤新认为，“在社会主义社会里，由于否定了地主阶级的土地所有权，由于否定了那个在资本主义生产方式的基础上通过竞争而贯彻的市场价值，和农产品的市场价值要由最劣地的产品价值去决定的必然性，因而，消灭了市场价值中那个虚假的社会价值”[①]。这就是说，产生虚假的社会价值的条件不存在了，因而虚假的社会价值也不复存在。从中国当前的实际情况看，上述条件究竟如何呢？首先，地主阶级已彻底消灭，地主阶级的土地所有权也不复存在，全部土地实现公有化，一部分土地归代表全民的国家所有，直接使用支配；一部分土地为集体所有制的农业所占有、所使用，他们虽然对土地所有权不能自由买卖，但存在占有权、使用权，仍然会造成对土地经营权的垄断。我们知道，以级差地租形式体现的虚假的社会价值，并不是地主阶级土地所有权的产物。正如马克思指出的，级差地租并不是由土地所有权产生的，“土地所有权并不

① 许涤新：《论社会主义的生产、流通与分配：读〈资本论〉笔记》，人民出版社 1979 年版，第 523—524 页。

创造那个转化为超额利润的价值部分”[①]。级差地租产生的原因，在于土地经营权的垄断。然而不管是国有企业的全民所有制农场，还是集体所有制农业的生产组织，他们拥有对土地的占有权和使用权，实际上也是存在着对土地经营权的垄断，从这一方面看，级差地租和虚假的社会价值的产生条件，不仅不是已经消失，而且是继续存在着的（当然在公有制条件下的土地经营权的垄断与在私有制条件下有着本质的不同）。其次，随着社会主义公有制的产生，“在资本主义生产方式基础上通过竞争而贯彻的市场价值”确实已经不再存在。马克思曾经设想：“社会的资本主义形式已被扬弃，社会已被组成一个自觉的、有计划的联合体……社会就不会按产品内所包含的实际劳动时间的二倍半来购买这种土地产品”[②]，这时候，级差地租、虚假的社会价值都将会消失。但是必须注意，马克思所设想的这种有计划的联合体，是指生产资料已归全社会所有，商品生产、商品交换已不复存在的高级形态的社会主义社会。在中国当前的社会主义阶段，生产力水平还较低，全民所有制和集体所有制都是社会主义公有制的基本形式，商品生产和商品交换不仅继续存在，而且还需要大力向前发展，因而价值、货币等仍然作为重要的经济杠杆在发挥作用，虽然不再出现资本主义的无政府状态，但依然存在社会主义的竞争。这说明，市场价格、市场价值仍然存在，支配农产品价值形成的规律和赖以产生的条件也还存在。这怎能说产生虚假的社会价值的条件已经消失了呢？再次，农产品的市场价值要由劣等地的生产条件来决定的必然性，是否已经消失了呢？许涤新认为，农产品价值，原则上由“产品所包含的实际劳动时间”决定[③]，“并不是盲目地由最劣的产品的价值所决定的”[④]。但从中国当前的实际情况看，农产品的社会价值仍然必须由劣等地的生产条件来决定。由于中国幅员辽阔，土地肥力的好坏和位置的远近等自然条件存在着较大的差别，投入等量的资金与劳动必然

---

① 《资本论》第3卷，人民出版社2004年版，第729页。

② 《资本论》第3卷，人民出版社2004年版，第745页。

③ 对于这点，笔者有不同看法，但不属本书论述范围，故不涉及。

④ 许涤新：《论社会主义的生产、流通与分配：读〈资本论〉笔记》，人民出版社1979年版，第522页。

会产生出不等量的产品，从而具有不同的生产率。但由于社会主义建设对农产品的需要，不仅需要优、中等地投入生产，而且也需要劣等地参加耕作，这就必须使经营劣等地的农业生产单位能够从农产品的销售价格中补偿已消耗的成本费用，并取得一定的盈利，才能实现简单再生产和扩大再生产。相反，如果以中等地的生产条件来决定农产品的社会价值，经营劣等地的生产单位的个别劳动消耗就会高于社会价值，他们销售农产品所取得的收入，不仅不能取得一定的合理的利润，甚至还不能补偿成本的支出。这样，他们不仅不能实现扩大再生产，甚至连简单再生产也不能维持。长期以来，中国农产品的价格偏低，工农业品的剪刀差一直存在，阻碍着农业经济的发展。近几年来，提高了一些农产品的收购价格，采取了一系列措施，产生了良好的效果。实践证明，以中等地生产条件定价，既不利于农业的商品经济的发展，也会挫伤农民的生产经营的积极性。以劣等地生产条件来定价，仍然是农产品价值形成的客观要求。只要仍然以劣等地的生产条件来决定农产品的社会价值，优、中等地的农产品的个别价值必然低于社会价值，从而出现相当于级差地租的超额剩余产品部分。至于这部分，中国学术界有人称为级差地租，有人称为级差土地收入（未转化为级差地租），这是需要另外研究的问题，在这里姑且不论。但体现在这部分超额剩余产品中的价值，完全相当于马克思所说的虚假的社会价值。既然产生的条件依然存在，表现形式和物质实体都依然存在，难道作为实体的价值却不能存在了吗？当然，说在中国当前条件下虚假的社会价值依然存在，并不能说它和在资本主义生产方式下完全一样，它们之间还是有着本质区别的。在资本主义制度下，虚假的社会价值的产生，是土地资本主义经营垄断的结果，是通过资本主义竞争形成的市场价值而实现的；在中国目前的社会主义阶段，则是在土地公有的条件下，实行土地经营垄断的结果，通过宏观调控和市场调节而实现。在资本主义条件下，体现为虚假的社会价值的形式的级差地租，为土地所有者所占有，体现着土地所有者对农业劳动者的剥削关系。在中国目前的社会主义阶段，体现虚假的社会价值的这部分超额剩余产品，为劳动者、集体企业、全民企业及其代表者国家所占有，体现着国家、集体和劳动者之间的经济关系；对这部分超额剩余产品进行合理的分配，既可调动企业和个人的劳动积极性，促进农业和工业的发展，还将进一步加强和巩固工人和农民之间的联盟。至于主张虚假的社会价值只在集体所有制农业中存在，在全民所有制农业中已不复存在的人，他们的论据之一是：只有在集体所有制农业中才具备产生虚假社会价值的条件，在全民所有制农业中并不具备这种条件。[①] 其实，上述对具体条件的分析就已表明，这些条件是存在的，它不仅存在于全民所有制的农业中，同样也存在于集体所有制的农业中。他们的另一个论据是：在集体所有制农业中，这部分超额剩余产品归集体单位或个人所有，而不是归社会所公有，因而这部分会转化为级差地租，体现为虚假的社会价值；至于在全民所有制农业中，这部分剩余产品，作为级差土地收入，归全社会所有，不转化为级差地租，因而也不表现为虚假的社会价值。其实，只要把虚假的社会价值理解为并不是不真实的价值，而是客观上实际存在着的，它既为一定的物质形式所体现，又是具有社会价值实质的那部分，因而就可以理解，这部分超额剩余产品，仍然是商品，仍然体现着商品的社会价值。只不过这一部分价值，由于农产品价值由劣等地生产条件决定这个特点，和农产品的实际消耗的劳动时间相比，表现为一个虚假的部分，但事实上仍然是实际存在的部分，而且在交换关系中，已为社会承认并进行了还原的那个社会价值部分。这就不必从归谁所有，确定其是否存在了。

① 汪海波：《社会主义经济问题初探》，湖南人民出版社1981年版，第209页。

四、城市土地有偿使用的几个理论问题

城市土地使用制度的改革，虽然目前在实际工作中已取得一定成效，但还有许多理论问题迫切需要研究解决。以马克思的地租理论为指导，具体分析出现的新情况和新问题，给予新的理论概括，用于推动改革开放，不仅具有一定的理论意义，而且具有重要的现实意义。

我认为，对城市土地有偿使用，从理论上必须弄清它与土地价格、地租、土地税的关系。

（一）城市土地有偿使用和土地价格的关系

城市土地有偿使用，现在基本上有两种情况：一种是把一块土地的使用权，由代表国家的有关部门，出租给承租者，承租者付给一定使用费，租期不等，有20年、30年、50年，最高达70年，期满后，使用权收回；另一种情况是，第一次付给一定数量的土地征用补偿费，以后在承租期间，每年交付一定数量的使用费。这两种情况的基本共同点是：(1) 都是让渡一定时期的土地使用权，租期满后，过程就完结，使用权收回；(2) 在让渡土地使用权时，都要交付一定数量的土地使用费，不管是一次性的还是多次性的。这就提出一个问题，因让渡土地使用权而取得的土地使用费，其性质是什么？由哪些因素构成？现在理论界和一些实际经济部门，有的人把这种土地使用费和土地价格混为一谈，有的人又把它说成地租。这就需要用马克思《资本论》有关地租理论，分析上述问题，从理论上加以界定。

表面上看，把某块土地让给别人去使用，好像这块土地的转让费用，就是土地价格了。有的人写文章，写调查报告，称它为“地价款”。其实，土地使用费和土地价格是完全不同的两回事。尽管西方经济学对土地价格的确定有的采用“剩余法”，有的采用“比较法”“收益价格估价法”“影子价格法”等多种方法，但马克思确定土地价格所采用的是“地租资本化”法。马克思认为，土地是一种自然资源，未开垦的土地，没有人类劳动的投入，既没有价值，当然也没有价格。所谓土地价格，无非是资本化的地租。也就是说，土地价格，并非购买土地的价格，而是由土地所提供的地租的购买价格。假设某地年地租为50元，该年利息率为8%，以400元存入银行可得年利息50元，同样，这50元地租就等于是由400元的土地带来的，因而土地价格即为400元。通过土地价格，进行土地买卖，实现土地所有权的转移。城市土地的有偿使用则不同，它并不出卖土地的所有权，仅仅是让渡该地在一定时间内的使用权。从实质上看，通过土地价格所进行的土地买卖，是土地所有权的转移；而土地有偿使用，是在所有权不变的前提下，仅仅是有限期的使用权的转让，此其一。其二，从量的方面看，土地价格是由地租资本化决定的，所付的量，不是地租的量，而是由地租所折算的资本的量，如上例，不是50元，而是400元。城市土地有偿使用的报酬，如果每年都交纳，就像营业土地每年交纳地租或租金一样，也像城市中的房租一样，这当然不会表现为土地价格；如果第一年一次交清，也只等于一次交清几十年的地租或房租的总和，即若干年土地使用费的总和，其中还包括土地资本的折旧和利息部分，和地租资本化相比，在量上也是不同的。

有的同志认为：土地价格有两种，一种是“土地所有权价格”，一种是“土地使用权的买卖价格”。一般说来，经济学上所说的土地价格，是指土地的买卖价格，买和卖，主要是所有权的转移，正是由于所有者不同，商品的占有人就可以按照自己的意志来使用它。如果所有权没有转移，仅仅是使用权在一定期限内的让渡，这是由于所有权和使用权相分离的结果。这如同生息资本，是借贷而不是买卖一样，因让渡土地使用权或出租房屋也只是租赁，而且有一定的期限。例如，某块土地使用权出让期为70年，70年后，该土地和其上建筑物将全部无代价地收回为所有者所有。这种租赁性质的让渡土地使用权，习惯地称为“土地使用权价格”，其实，这只是土地使用权的租赁价格，和严格意义上的土地所有权买卖的土地价格范畴是完全不相同的。但把批租价格称为“土地使用权价格”，约定俗成，在现实生活中已起到了简明而方便的作用。

（二）城市土地有偿使用和地租的关系

地租是土地所有权在经济上的实现。马克思在《资本论》中所说的地租，有两个概念，一是真正的地租，一是广义的地租，即租金。真正的地租，是由土地所有权产生的，它包括级差地租、绝对地租、垄断地租。在一般情况下，马克思所说的地租，都是指这种真正的地租。广义的地租，除包括真正地租外，还包括土地资本在土地上的投资所应收的折旧费，以及土地资本的利息、工资的扣除等等。那么，城市土地有偿使用和地租的关系如何呢？

所有权和使用权的分离，是利息、地租产生的理论前提。由于土地所有者占有土地所有权，但他们又把该土地的使用权让渡给承租者，承租者因使用土地必须交付地租，这就是土地所有权在经济上的实现。土地所有权的法律关系必须以经济关系为基础。如果租赁土地使用而不交纳地租，土地所有权不能在经济上实现，则土地所有权只是在法律上的一种虚构，就会丧失其实际意义。马克思的地租理论，应作为城市土地有偿使用的理论基础。一般说来，城市土地使用费，是由于使用土地而由土地使用者向土地所有者交纳的费用。真正的地租只构成土地使用费的一项重要内容。土地使用费除包括真正的地租外，还应包括土地资本（资金）的折旧和利息，即广义的地租，也就是租金。可见，土地使用费的构成等于广义的地租，即租金。

那么，土地使用费和真正的地租有什么不同呢？两者都是劳动者所创造的价值的一部分。但地租是超过平均利润以上的余额，即相当于 m 中的一部分；土地使用费不仅包括地租，而且包括土地资本（资金）的折旧，这是属于产品成本的组成部分，即属于 c 的部分；土地资本（资金）的利息则属于平均利润的组成部分，即 m 的一部分。这说明，两者的构成在实质上是有区别的。

土地使用费是上述三者的总和，真正的地租只是其中的一个组成部分，因此，土地使用费在量上必然比地租大。

在一般情况下，地租都是归土地所有者所有。但其中的绝对地租和级差地租Ⅰ，应归土地所有者；级差地租Ⅱ，则应交给有关投资部门；属于垄断地租部分，除一部分上交国家财政外，另一部分应上交土地经营管理部门，一部分留给企业。至于土地使用费，其中的土地资本（资金）折旧和利息，则应归投资者所有。只有到租约期满后，才会转入土地所有者手中。

为什么土地使用费中，要包括土地资本（资金）的投资，因而要取得折旧费和利息呢？

土地是没有价值的，但投入土地的资本是有价值的。在城市土地的地面上，往往要附着有关的基础设施（如七通一平），这就要有一定量的资本（资金）投入在土地上。这种投资，有的是比较长的（如建设基础工程、平整土地等），有的是比较短的（如农业中的改良土壤），但土地由于资本（资金）的投入，土地与资本相结合并固着在土地上，这就形成了地产。所谓地产，是由土地物质和投入的土地资本（资金）相结合而形成的固定资产所构成的有机统一体。现有城市土地中没有投入土地资本的土地几乎是找不到的。现存的城市土地，基本上都属于地产的范围。有的同志把地产误认为是土地资本，是不对的；也有的同志把地产只认为是土地物质，也是不对的。地产，是资本固着于土地上的有机结合体。因此，租赁城市土地的使用权，不仅应交纳地租（真正的地租），而且也应交纳土地资本（资金）的折旧和利息，因为上述两者（资本和土地）是结合在一起、融为一体的。

有的同志认为，土地使用费中还应包括征地费。在实际工作中，有的地方，就是把征地费列入土地使用费中，这是不妥当的。须知，征地费是土地的买卖价格，而不是使用土地的报酬。土地使用费是租赁不是买卖，它本身不等于土地价格。如包含进去，在质上就相互重叠，在量上就绝对增大，不利于土地有偿使用工作的开展。实际上，计算了地租，就不应再计算土地价格。现在有些地方，土地使用费较小，有的地方又很大，不同地方的计算内容和方法也不统一，因而迫切需要科学地确定土地使用费的构成及具体计算问题。

还有一种意见认为：土地使用费中所包含的真正地租，只有级差地租和垄断地租，城市的绝对地租低到等于零，也就是说，土地使用费中，不包括绝对地租了。[①] 其实，中国城市土地的全民所有制采取国家所有制形式，而所有权又可与使用权相分离，由于土地所有权具有独占性，不管是土地好、位置好的土地，还是土地差、位置差的土地，要转让使用权，都要因此取得绝对地租。但由于城市土地的级差、垄断等因素。级差地租、垄断地租的量比绝对地租的量大得多，相对地说，绝对地租的量则小得多，但即使量小，也不至于完全等于零。因此，不能认为城市土地使用费中不包含绝对地租。[②]

（三）城市土地有偿使用和土地税的关系

由于城市土地由全民所有制的国家所有，国家要征收一定数量的土地税（或地产税）。土地税和土地使用费在性质上是不同的。土地税是国家政权在经济上的实现形式，土地使用费则是国家地产产权在经济上的实现形式。土地税是国家凭借政权力量，强制土地所有者和土地使用者缴纳的费用，是土地所有者和土地使用者应尽的义务；土地使用费则是商品经济条件下，土地所有权与土地使用权相分离的产物，是土地使用者为取得土地使用权而向土地所有者缴纳的费用，它体现着土地所有者与土地使用者之间的经济关系。具体说来，其不同之处表现如下：

（1）土地使用费是租赁性质，它的一部分用于补偿投入土地的资本（资金），表现为折旧与利息，一部分作为地租交给所有者，是土地使用者和土地所有者相互关系在经济上的反映。土地税反映的则是权利与义

① 参见吕益民：《城市土地使用费的构成与土地价格问题》，《经济研究》1990年第8期。

② 长期以来，学术界不少人认为，社会主义制度下不存在绝对地租，这是需要另文讨论的问题。

务的关系。收税是政府的权利，交税是纳税人的义务，纳税人交税并非为了经济上的补偿，仅仅是作为公民对国家对社会应尽的义务。

(2) 由于土地所有者垄断地占有土地，并占有使用权，如要把该土地的使用权转让给另一方，取得使用权的一方就必须交费，作为经济上的补偿，可见，土地使用费是由于对土地的垄断造成的。至于土地税，则是凭借国家政权的力量，具有强制性。土地使用费只具有垄断性并不具有强制件，它并不能强迫别人租赁土地并交纳土地使用费，而是两相情愿、平等协商和互利的结果。

(3) 土地使用费只向土地使用者征收，谁使用土地，谁就要付费。土地税属于财产税性质，应由国家政权向财产所有者征收。由于城市土地是全民所有制，由代表全民的国家所有，国家委托国有地产公司（或土地管理局）管理城市土地。土地税是由代表国家的税务部门向代表国家的国有地产公司征收。国有地产公司则作为土地所有权的代表向土地使用者收取土地使用费，然后再以土地使用费中所包含的地租的一部分上交为土地税。

有的同志认为，城市土地有偿使用，可直接由国家征收土地税，不必征收土地使用费。① 我是不赞同这种看法的。如上所述，土地税只是法律赋予公民的义务，土地使用费则是土地所有权在经济上的实现，两者是不同性质的问题，怎能混为一谈！应该在合理地确定土地使用费的基础上，建立健全土地税制度。国有地产公司作为国家所有权的代表，把土地租赁给土地使用者，取得土地使用费。然后以土地使用费属于地租中的一部分，作为土地税，上交国家财政（税收部门）；以属于地租中的另一部分，纳入城市建设基金；再以土地使用费的另一部分，用于土地开发投资的补偿（即土地资本的折旧和利息），归土地开发者和投资者所有。由于中国在传统的城市地产管理体制下，城市土地的开发和改造统统由国家包下来，而且无偿地使用，致使城市土地的使用者，既不向国家交纳地租，也不交纳城市土地建设和改造的投资费用，因此，从中国当前的这种实际情况出发，土地使用费中属于土地资本（资金）的折旧

① 参见《经济动态》1987 年第 5 期。

和利息部分，也应上交国家，一部分归国家所有，一部分归省和市的政府所有，特别是应该将其中数量较大的部分，归市政府所有，作为城市建设的再投资，以利于城市建设。总之，不能因收土地使用费而不交土地税，也不能因交土地税而不收土地使用费。应是税费并收，综合配套。

也有的同志认为：土地税应由土地使用者交纳。须知，土地税是财产税，不是使用税，马克思早就说过："土地税按原有规定本来只应由土地所有者负担，而不是由土地承租人或佃户负担。"① 土地税既是财产税，只能由所有者交纳。由于中国土地是公有制，由国有地产公司向国家税务部门交税，实质上是国家政权的这一部门向另一个部门交税。有人认为这是奇怪的事情，是多此一举。其实，全民所有制的国有企业向国家税务部门交税，实质上也是国家政权的这一部门向另一部门交税，也是国家政权自己向自己交税。这种情况，是由社会主义生产资料公有制决定的，它反映了国家政权和全民所有制的内部关系，或国家政权部门之间的关系而已。这种关系所反映的经济管理体制，对整个社会来说，是完全必要的。

实现城市土地利用的商品化，有偿使用城市土地，按价值规律的要求进行，是城市土地制度的重大改革，是社会主义市场经济发展的客观要求，也是改革开放的客观要求。为实现城市土地使用的商品化，还要相应地建立地产市场，如地产征购市场、地产批租市场、地产开发租赁市场等等，成为社会主义统一的市场体系的有机组成部分。但这些都是改革与开放中的新情况、新问题，必须在马克思主义指导下，运用《资本论》中的有关理论，分析研究，给予理论上的概括和科学的说明，以推动改革开放事业的发展。

---

① 《马克思恩格斯全集》第10卷，人民出版社1998年版，第343页。

附录二

一、陈征教授谈社会主义城市地租

记者： 前不久，《中国社会科学》发表了您的两篇关于城市级差地租和绝对地租的文章，城市地租问题是您近期研究的重点吗？

陈征： 是的，我感到有必要澄清一些问题。为此，我陆续发表了十几篇论述文章。

记者： 你对这个领域进行研究的目的是什么？

陈征： 我认为，研究这一课题有一定的理论意义和现实意义。社会主义市场经济是中国经济体制的目标模式，发展和完善市场体系是建设社会主义市场经济的重要内容。房地产市场是市场体系的重要组成部分，在城市地产市场上交易的是土地使用权，而确定土地使用权价格的主要是地租。地价是地租的资本化，地租是地价的理论基础。近年来，有些城市的地价畸高畸低，仅凭某些领导人说了算，这是忽视地租理论的实际结果，是违背经济规律的具体表现。因此，研究城市地租，为城市土地价格的确定奠定理论基础，这就有利于遵循客观经济规律发展城市土地市场，完善社会主义市场体系。就理论方面说，马克思在《资本论》第三卷重点研究了资本主义农业地租，建立了马克思的地租理论，但其着眼点主要是农业地租，对城市地租很少涉及，只是在谈到建筑地段地租时对城市地租也适用。实际上，城市地租和农业地租相比，有其共同之处，但也有其特殊性。特别是对外开放，城市土地有偿使用已是重要的经济改革问题。研究城市地租，创造性地将马克思地租理论运用到社会主义市场经济中来，是很有必要的。

记者： 谈到城市地租，不能不先对其特殊性有个认识。

陈征：城市地租的特性表现在：(1) 农业土地主要作为生产工具起作用，由土地生产出的农产品称为土地产品，农业地租直接包含在土地产品的价值之中。城市土地作为地基发生作用，不生产土地产品，而是在其上建筑房屋进行经济活动，如城市工业用地的地租，包含在该工厂生产的工业品中。(2) 农业对土地的利用主要依赖于自然条件，城市土地的利用更多地依赖社会条件，依赖于土地资本的投入。(3) 农业中买卖租赁土地的直接目的是土地本身。城市土地是房屋的载体，建筑物的房产与建筑物载体的地产结合在一起，房产的转移同时伴随着地产的转移，往往因此会出现土地投机。

记者：城市地租和农业地租相比，在质上有哪些不同？

陈征：作为地租，不管是城市地租还是农业地租，在质上都是相同的，即都是土地所有权在经济上的实现形式，但质是层层深入的。如以绝对地租而论，城市绝对地租和农业绝对地租就有其不相同的特殊性。大家知道，李嘉图无法在价值规律的基础上论证绝对地租的存在，只承认级差地租，不承认有绝对地租。马克思的创造性贡献是，在价值规律的基础上论证了绝对地租的产生。他认为，在工业中，由于资本有机构成有高有低，通过竞争，出现资本转移，形成平均利润和生产价格，个别企业取得的超额利润只是暂时现象。在农业中，由于有机构成低于工业，又由于土地所有权影响了资本转移，因而农产品价值高于社会生产价格，形成超额利润，转化为绝对地租。马克思论证农业绝对地租产生时，是假定工业中不会形成绝对地租的。但他又说，在工业中，不管在什么地方，只要土地所有权存在，都要因使用地皮付地租。这种地租是绝对地租。可惜，马克思对此并未进一步分析。城市地租包括工业、商业、服务业、公用事业以及居民用地的地租，这些领域都要因使用地皮付绝对地租，而这又都不能像农业绝对地租那样来源于农产品价值高于社会生产价格的部分。工业用地的绝对地租是工人新创造的剩余产品价值的一部分；商业用地的绝对地租来自于商业利润的一部分；居民住宅的绝对地租则来自于劳动者必要劳动所创造的价值的一部分。虽然都是绝对地租，却有着不同的来源，呈现着各自不同的特殊性，这就构成城市绝对地租和农业绝对地租在质上的区别点。

记者：如果从量上看，又有哪些不同呢？

陈征：马克思论证农业绝对地租量的运动规律时指出，绝对地租是价值高于社会生产价格的部分，农产品的市场价格必须高于社会生产价格，高于的这部分，究竟是等于这个差额，还是大于或小于这个差额，完全取决于农产品的供求状况和新耕种的土地面积，因为农业绝对地租是包含在农产品价值中的。社会主义城市绝对地租则不同，它的上限是不能大于土地使用者的全部超额利润，下限是不能小于郊区同等面积土地上支付的农业地租量，上下限之间存在着受供求调节的弹性，体现着城市绝对地租量的运动规律异于农业的特殊性。

记者：有没有城市垄断地租？现在学术界对此有不同看法，有人否定城市垄断地租的存在，认为只是级差地租的具体表现，有人则肯定有垄断地租，您是怎样认识的？

陈征：产生城市绝对地租和级差地租的一般社会经济条件，也适用于城市垄断地租。城市垄断地租也有不同于农业垄断地租的特点：农业垄断地租由特殊土地条件生产特殊产品形成垄断价格而产生，农业垄断地租包含在特殊农产品的垄断价格中。城市垄断地租是由在特殊地段的建筑物上经营取得特别高的超额利润转化而来，既可包含在该建筑物的垄断价格中，也可包含在该地段经营但可取得特别高的超额利润中。城市垄断地租不像农业垄断地租那样一目了然，但现实中，这种情况是明摆着的。城市垄断地租是城市黄金地段特别高的房价和房租的理论基础。

记者：城市地租既然是城市土地价格的理论基础，那么，城市地产市场的土地价格是不是完全由地租来确定？

陈征：城市地租只是构成城市地产市场上土地价格的一部分。城市土地价格具有两重性：作为自然物质资源的土地，没有价值，其价格是地租资本化的结果，这就形成土地资源价格；由于对城市土地必须大量投资，又形成土地资本价格。城市地租包含这两方面，是由地产作为土地物质和土地资本的综合体所决定的；地产的这两方面，又是由土地既作为自然物质又凝结了人类社会劳动这两方面所决定的。只有认识城市土地的二重特殊性质，才能认识地产的特殊性质，也才能理解地价的二重性质。

（记者王胜颜。原载《经济日报》1995 年 6 月 5 日第 10 版）

二、陈征经济学思想述评*

陈征教授是当代中国以研究马克思《资本论》而著称的一位经济学家。他在 50 余年的学术生涯中，不仅对《资本论》的教学和广泛传播不遗余力，而且科学地运用《资本论》的基本原理和方法研究社会主义经济，进行了卓有成效的探索和创新。本文仅就其中有较大影响的理论观点和思想，作如下评述。

（一）紧密结合新的历史条件，坚持和发展马克思的劳动价值论

围绕劳动价值论这一马克思主义经济学说基石的争论，历来既有来自意识形态领域的偏见，也有来自对《资本论》理解的偏差；更由于《资本论》创作的历史背景既不同于当代资本主义社会，也不同于我国社会主义社会，马克思在书中所论述的条件今天已发生了明显的变化。在陈征的研究中，较侧重于后者，他主张从客观存在的实际出发，依据劳动价值论的基本原理对新的情况做出新的理论概括和说明。

1. 对脑力劳动创造价值的阐发。

在 20 世纪 70 年代末，面对科技发达条件下的高度机械化、自动化的生产过程，有人对劳动价值论产生了疑惑，认为它只适用于以体力劳动为主的小商品生产，不适用于以先进的机器体系为基础的资本主义社

---

* 郭铁民、刘春雷、赵振华：《陈征经济学思想述评》，《中国社会科学》1995 年第 5 期。

会，说什么“劳动价值理论过时了”。而《资本论》在论述劳动创造价值时，又未系统而充分地阐述与科学技术直接关联的脑力劳动在创造价值过程中的特点和作用，给后人留下了争论和研究的空间。陈征从劳动价值论的基本原理出发，系统地论述了脑力劳动创造价值的特点和作用。他认为，造成上述认识的原因，是把创造商品价值的劳动看成只是体力的消耗，忽视脑力劳动在价值形成过程中的重要作用。其实，从形成价值实体的抽象劳动看，任何劳动过程“都是人的脑、肌肉、神经、手等等的生产耗费”①，脑力劳动作为“脑”“神经”活动的概括，随着科技的发展在价值形成过程中起着越来越重要的作用。他指出，脑力劳动不同于体力劳动的特点是：(1) 从事物质资料生产的工人是直接进行物质资料的生产，而工程技术人员等脑力劳动者通过各项技术工艺间接作用于劳动对象。(2) 脑力劳动是复杂劳动，在计算价值时要按照复杂劳动是倍加的简单劳动来进行折算。他还进一步提出复杂劳动力价值和复杂劳动新创造的价值这两个新概念，复杂劳动不仅能创造新价值，而且能创造出大大超过复杂劳动力价值的价值，创造出大大超过一般简单劳动新创造的价值。(3) 脑力劳动者的活动，往往和发展科学、充分利用自然力结合在一起，无偿地利用自然力可以大大促进社会生产力的迅速发展。(4) 脑力劳动和体力劳动往往是结合着的，纯粹的体力劳动是不存在的，在资本主义社会，智力变成支配劳动力的权力，脑力劳动创造价值这一事实，往往被脑力劳动者有支配体力劳动者的权力这一客观现象所掩盖。例如，人们只看到公司经理是资方代表人进行剥削活动，取得优厚报酬，而不注意他们是作为经营管理者，通过工人的劳动参与对商品价值的创造。在充分肯定脑力劳动作用的基础上，陈征还指出：随着科技的进步，脑力劳动对价值的创造日益起着更大的作用。在工业经济初期，由于科学实验和社会实践所总结的经验还不够充分，知识、科学、技术还未充分发展和应用，因而在商品的价值构成中，活劳动比对象化劳动多；在活劳动部分中，繁重的体力劳动比脑力劳动所占比例大。到了机器大工业时期，利用机械代替人的体力劳动，因而在商品的价值构成上，转移

① 《资本论》第1卷，人民出版社2004年版，第57页。

来的对象化劳动部分比活劳动部分多，体力劳动和脑力劳动新创造的价值部分也相应地发生变化。到了自动化的机器体系阶段，特别是到了所谓信息社会阶段，脑力劳动在生产中的作用更加显著。在单位商品的价值构成中，对象化劳动部分不仅有一部分是由生产过程的物质要素转化而来，而且大部分是由脑力劳动所对象化的知识价值转移而来；在活劳动部分，脑力劳动所创造的价值部分也占很大比例。这种分析比较准确地把握了新技术革命条件下商品价值构成的变动趋势，完全符合实际情况。特别应当指出的是，陈征的这些观点，发表于人们对脑力劳动还存在许多传统偏见的 20 世纪 70 年代后期，当时尊重知识、尊重人才的观念还未受到社会的普遍重视。

2. 对知识与价值关系的阐发。

知识在物质生产和人类社会生活中的作用日益显著，甚至有人用知识“爆炸”来形容当今社会信息传播数量之大、范围之广。奈斯比特在《大趋势》一书中说：“我们需要创立一种知识价值理论来代替马克思过时的劳动价值理论。”并认为，“在信息社会里，价值的增加是靠知识，知识是一种不同于马克思所想的劳动”。“在工业经济初期诞生的马克思的“劳动价值理论”，必须为新的知识价值理论所取代。”① 对此，陈征进行了深刻而有力的批驳。他在坚持劳动价值论的基础上对知识和价值的关系提出了新见解。他认为：知识本身具有价值，但不能创造价值。任何知识，都是人们在改造世界的反复实践中所获得的认识和经验的总结，都来源于人的劳动。知识的内容，从包括人脑中的点滴观点开始，直至成文的系列原理、理论、方案、计划等等，无非是人类脑力劳动的软性结晶，是一般人类社会劳动的凝结，因而知识本身具有价值。知识的价值无非是劳动者所创造并被转移到产品中的对象化了的劳动价值。但知识又不能创造价值，因为知识虽然是劳动的结晶，但只有通过人的劳动才能表现出来，才能生产出具体的物质产品。如不通过劳动，再多的知识也无从体现，更谈不上充分发挥作用和生产物质产品了。他进一步指

① ［美］约翰·奈斯比特《大趋势：改变我们生活的十个新趋向》，新华出版社 1984 年版，第 21 页。

出，必须把知识和脑力劳动区别开来。知识只存在于活的劳动者的大脑之中，是潜在形态的价值，只有通过脑力劳动，才能体现出来，正如机器的价值和使用价值不等一样，知识也不能与脑力劳动相等，后者是前者的表现和发挥，知识必须通过劳动才能创造价值，同时也必须通过劳动把它本身的价值转移到新产品中去。其发展过程是：知识是劳动的凝结，因而具有价值，这是从劳动到知识价值的发展过程；知识贮存在劳动者的大脑中，体现着科学技术的发展，成为潜在的生产力；掌握着现代科学知识的劳动者，进行复杂劳动，创造出更多的新价值；凝结在科学知识中的前人辛勤劳动的成果越多，科学技术越发达，知识价值就越大；知识价值越大，就使复杂劳动力能够以较少的劳动时间，创造更多的价值和财富；创造的价值和财富多了，人们又可以更多的时间，对科学知识进行学习研究，从事创造发明又推动了科学知识的进一步发展，这样，劳动创造出价值并凝结为知识，知识促进劳动向更复杂、更高级的方向转化，从而又创造出更多的价值，并进一步凝结为更高深的知识。劳动——知识——劳动——价值，循环往复，既推动着科学技术向前发展，又推动着社会生产力向前发展。这种对知识和价值关系的深刻阐述，完全符合科学知识随着劳动实践推动生产力发展的客观规律，有力地说明了在新技术革命的新形势下，科学知识在生产中的作用日益巨大的今天，劳动价值论仍然是坚不可摧的经济理论的基础。对那些知识创造价值、科学创造价值、技术创造价值等观点，是一个很好的回答。这也是对马克思在《资本论》中没有涉及的问题所进行的新的探索。

3. 对“商品价值论”的评析。

1985 年美国经济学家帕克在《重建马克思主义经济学》一书中提出“商品价值论”，认为商品的价值，不是由劳动创造，而是在生产过程中由其他商品生产出来的，即商品生产价值。帕克声称用“商品价值论”取代劳动价值论，重建马克思主义经济学。陈征尖锐地指出，“商品价值论”的实质是由生产该商品所消耗的生产资料的价值和原材料的价值决定商品的价值，是“生产费用论”或“机器价值论”的翻版，其理论源于斯拉法的“用商品生产商品”的观点，用来重建马克思主义经济学，实质上是否定马克思主义经济学。针对帕克所举完全自动化的“无人车间”生产的商品价值是由商品创造的例证，陈征指出，“无人车间”进行生产，必须使用自动化的机器体系或机器人进行操作，这些机器和机器人，都经过了实验、设计、创造、发明、正式试制，在性能、结构、造型、工艺过程上定型，然后正式投产；在生产过程中，还要通过人把新产品的工艺输入自动化机器体系，才能把产品生产出来。在这一系列过程中，不仅要花费大量的体力劳动，更要花费大量的脑力劳动，在这些“结合劳动人员”中，还要包括科学家的专利发明。随着科学技术日益发展，以体力为主的劳动已逐步转化为以脑力为主的劳动，脑力劳动在价值创造中的作用日益显著，并越来越占有主导地位。相反，如果没有这些“总体劳动者”的结合劳动，也就不可能有无人车间进行生产。陈征对上述实例的分析，有力地驳斥了“商品价值论”，科学地解释了当前经济生活中出现的新问题，对劳动价值论在高度发达的现代科技条件下的应用，给予了确切的理解与说明。

（二）对社会主义地租理论的探索和创新

陈征对地租理论的研究主要包括两方面：一是对地租基本理论的阐发与探索，一是系统地研究了社会主义城市地租。

1. 对地租基本理论的阐发与探索。

(1) 要区分两种不同意义上的绝对地租。马克思关于资本主义农业绝对地租的理论，是从农业资本有机构成低于工业资本有机构成出发，由农产品价值高于社会生产价格而产生的绝对地租。随着农业生产力的发展，农业有机构成将接近工业有机构成，在两者完全相等的条件下，资本主义绝对地租是否存在，是 20 世纪 70 年代国内外学术界热烈争论的问题。有人引证马克思的话说，这时的“绝对地租就会完全消失”[①]，马克思的绝对地租理论过时了。陈征指出，马克思在 1862 年 3 月至 12 月写成的《资本论》第二稿《剩余价值理论》，是要在劳动价值论的基础上

① 《马克思恩格斯全集》第 34 卷，人民出版社 2008 年版，第 444 页。

创造性地阐明资本主义绝对地租的形成问题。由于在劳动价值论基础上建立绝对地租理论，是李嘉图无法克服的难题，因此对农业有机构成的分析，成为马克思创建地租理论的关键。当时，马克思是从农业有机构成比工业低出发，论证绝对地租的产生。1865 年下半年马克思写成的《资本论》第三卷地租篇草稿，是对上述理论的进一步完善、补充和发展，所以陈征认为：在《资本论》第三卷中，马克思早已指出，在工农业有机构成相等的条件下的农产品价值高于生产价格而产生的前一种意义上的绝对地租虽已消失，但由农产品垄断价格高于价值和生产价格而产生的后一种意义上的绝对地租依然存在。因此，要区分两种不同意义上的绝对地租。陈征进一步指出：土地所有权是产生绝对地租的直接原因；农业有机构成低于工业，只是产生绝对地租的条件；而农产品价值高于生产价格，使得一部分剩余价值转化为绝对地租，这是绝对地租的直接来源。如果农业有机构成等于工业，只是产生绝对地租的条件消失了，但产生绝对地租的直接原因仍然存在。因此只能是：一种条件下形成的绝对地租的来源消失了，另一种条件下形成的绝对地租的来源就会产生，消失的不是全部绝对地租，只是前一种意义上的绝对地租。由于土地私有权存在，产生对土地的垄断，要租种土地，必须向土地所有者支付地租，这就使得农产品必须以高于价值的市场价格（垄断价格）来售卖，从而产生另一种意义上的绝对地租。在这里，产生绝对地租的直接原因依然是土地所有权，其条件是对土地的垄断，其来源是垄断价格。陈征还指出：要注意区分两种不同的垄断价格形成的两种不同的地租。特殊自然条件所产生的垄断，形成马克思说的“真正的垄断价格”，由此产生垄断地租，即垄断价格产生垄断地租。至于由土地的所有权和经营权的垄断，即由“人为的垄断”而产生的垄断价格，马克思称为普遍意义上的垄断价格，形成另一种意义上的绝对地租，即地租产生垄断价格。区分两种不同的垄断价格，就能分析出后一种意义上绝对地租的来源。既不能把两种不同的垄断价格混为一谈，也不能把绝对地租与垄断地租混为一谈。

马克思的地租理论是建立在劳动价值论的基础上的。陈征进一步指出，后一种意义上的绝对地租不会违背价值规律。由土地所有权垄断而形成的垄断价格，“不过是把其他商品生产者的一部分利润，转移到具有垄断价格的商品上”[①]。这和利润平均化一样，只是由一个部门转移到另一个部门而已。当然这和前一种意义上绝对地租的价值实现有所不同，前者转化为绝对地租的剩余部分，由农业内部的农业工人所创造；后者体现的剩余价值部分，则来自于全社会，它不仅是农业工人创造的剩余价值的一部分，而且也包括工业等其他劳动者剩余劳动创造的剩余价值的一部分。正是在劳动价值论基础上阐明了后一种意义上绝对地租的来源，把绝对地租理论引入到一个新的高度和深度，这就有力地驳斥了“马克思的绝对地租过时论”，在新的历史条件下坚持并阐发了马克思的绝对地租理论，为进一步研究社会主义城市地租提供了较坚实的理论基础。

（2）对“虚假的社会价值”的探索。关于农产品“虚假的社会价值”问题，是马克思在《资本论》第三卷研究级差地租时提出的。自 20 世纪五六十年代起，国内外学术界一直存在着不同见解。一种意见认为，虚假的社会价值是农产品市场价格高于社会价值之间的差额，另一种意见认为是市场价值与实际价值之间的差额。陈征在充分合理吸收当时其他学者研究成果的基础上，提出了自己的看法。他认为，虽然马克思没有对虚假的社会价值下一个简单明了的定义，但从马克思提出这一范畴并运用于分析级差地租的具体情况看，虚假的社会价值，是指农产品中个别生产价格和社会生产价格之间的差额部分。从量的方面看，相当于级差地租量；从质的方面看，也就是提供级差地租的那部分价值，其表现形式则是级差地租。虚假的社会价值并不“虚假”，是客观存在的社会价值，是农产品价值之内的一个有机组成部分。这部分价值，只是在实际上耗费的劳动总数较少，但在价值关系中比起被还原的社会劳动的总量则较多。

所谓虚假，只是相对于实际劳动时间的消耗而言。因此，不能把虚假的社会价值看成是在客观实际上不存在的价值。陈征认为，坚持劳动价值理论是理解虚假的社会价值的关键。价值决定本来只是交换关系中

---

① 《资本论》第 3 卷，人民出版社 2004 年版，第 975 页。

的一种社会行为，是以客观存在的社会必要劳动时间的消耗为基础的。不能是绝对地认为消耗多少个别劳动时间就一定要体现为多少社会价值；也不能是机械地认为乙多消耗的个别劳动时间一定要转到甲少消耗的个别劳动时间里。这种绝对地、机械地通过加减转移平均个别劳动消耗以致完全等同于社会必要劳动消耗的认识，实际上是对价值决定这种“社会行为”缺乏深层次理解，也是对虚假社会价值产生种种误解的理论根源。

与一些繁琐哲学式的概念之争截然不同，陈征在廓清虚假的社会价值的基本范畴之后，又把它运用于解决社会主义商品经济中的现实问题。与社会主义阶段“虚假的社会价值”已经消失的观点相反，他认为在当前社会主义初级阶段还存在商品经济和对土地经营权的垄断，级差地租和虚假的社会价值产生的条件仍然存在。因此他不赞同以中等地生产条件确定农产品价格的观点。他指出，如果以中等地生产条件来决定农产品的社会价值，经营劣等地的生产单位的个别劳动消耗就会高于社会价值，他们销售农产品所取得的收入，不仅不能取得一定的合理利润，甚至不能补偿成本支出。这就无法实现扩大再生产或不能维持简单再生产，也无法缩小客观上阻碍农业经济发展的工农业品剪刀差。陈征的这些理论观点，对社会主义市场经济条件下农产品价格改革，仍然有着现实价值。

2. 对社会主义城市地租的理论创新。

马克思在《资本论》中着重研究了资本主义农业地租，对城市地租很少涉及。虽然有关农业地租的原理也可应用于研究城市地租，但城市地租毕竟有其不同于农业地租的特点和规律，这就为后人留下了研究的空间。陈征运用马克思的地租理论，系统地研究了城市地租，提出建立社会主义城市地租理论的主张，为完善社会主义市场体系，为建立城市地产市场和开展城市土地经济学研究，作出了积极的贡献。

(1) 对城市地租特性的分析。陈征认为，城市地租和农业地租有其共同点：城市地租和农业地租都是土地所有权的经济实现形式；级差地租和绝对地租都是地租的基本形式；地租运动规律都是价值规律在土地经济运动过程中迂回表现的具体形式。但城市地租也有不同于农业地租的特殊性。①在农业中，土地本身作为生产工具起作用，由土地生产出的农产品称为土地产品，其使用价值的形成离不开土地的自然生产力。农业地租直接包含在土地产品的价值之中，和土地、土地产品密切不可分。城市则不同，土地作为地基、场地、操作基地发生作用。厂房、商店、民宅等虽然建立在土地上，但它们不依赖土地的自然肥力，也不能生产土地产品，因而城市地租不直接包含在土地产品中，如城市工业用地的地租，包含在该厂生产的工业产品中；商业用地的地租包含在该商业所经营的商品中；居民住宅房租，只是用工资的一部分来支付。②农业对土地的利用，主要依赖于自然条件，投入土地的资本仅改变农作物的生长条件，而土地的自然肥力对农产品的数量和质量起着决定性作用。城市的土地使用，主要依赖于社会条件即土地资本的投入。城市土地不是作为一般的地，而是作为具有城市功能的地起作用，完全是人们对其进行改造的结果。它的经济意义生成于社会条件。在这里，土地的地理位置起决定性作用，因而不同的地段提供不同的级差地租或垄断地租。③农业中买卖、租赁土地的直接目的主要是作为生产手段起作用的土地本身。城市则不同，土地是房屋的载体，房屋是土地上的建筑物，作为建筑物的房产与作为建筑物载体的地产结合在一起，地租与房租结合在一起，建筑物产权转移必然伴随土地产权的转移。因而在经营房地产时，往往会出现土地投机。

(2) 对社会主义城市绝对地租理论的探索。陈征对社会主义城市绝对地租理论的贡献主要在于：探讨了社会主义城市绝对地租存在的必然性，论述了城市绝对地租的来源及其量的确定。

人们通常认为，由于土地所有权和使用权分离，土地所有权在经济上的实现即会产生地租。陈征没有停留在这样一般性的认识上，而是进一步指出：在两权分离条件下，所有权在经济上实现自己，除了有租赁关系外，还必须有产生地租所必备的客观经济条件。在资本主义社会，这种经济条件是资本主义商品经济；在中国社会主义现阶段，这种经济条件是社会主义商品经济。人们常常忽视这一点。马克思正是以资本主义商品经济为绝对地租的前提条件，并在论证商品经济和绝对地租之间关系的过程中，取得了建立绝对地租理论的突破性进展。陈征据此进一步证明了社会主义城市绝对地租的客观存在。他认为，价值、价格、货币、利润、平均利润、生产价格、超额利润等都属于商品经济范畴，其中平均利润和生产价格是商品经济充分发展的产物。因此，不论是资本主义社会还是社会主义社会，只要存在商品经济，存在自由竞争和完备的市场体系，绝对地租也就必然存在。关于社会主义城市绝对地租的来源问题，他认为，不能把农业绝对地租来源于农产品价值高于社会生产价格的原理硬套到城市中来。研究城市绝对地租必须从城市的特点出发，所遵循的原则是：①在存在所有权问题的条件下，使用城市土地都必须支付绝对地租；②符合价值规律的要求；③从城市的实际情况出发来说明绝对地租的存在。据此，不同类型的城市绝对地租有其不同的来源：城市工业绝对地租是产业工人新创造的剩余产品价值的一部分；城市商业和服务业绝对地租是产业部门劳动者创造后转移过来的商业利润的一部分；居民住宅的绝对地租则来自于劳动者必要劳动所创造的价值的一部分。至于城市绝对地租量的运动规律，陈征又指出，不能把资本主义农业绝对地租量的上限和下限套到社会主义城市绝对地租中来。社会主义城市绝对地租量的下限是不能小于郊区同等面积土地上支付的农业地租量，上限是不能大于土地使用者的全部超额利润，上下限之间存在着受供求状况调节的弹性。上述对社会主义城市绝对地租的定性与定量分析，阐述了城市绝对地租与农业绝对地租的不同特点，揭示了城市绝对地租的来源以及城市绝对地租量的运动规律问题。

(3) 对社会主义城市级差地租理论的探索。针对有些人认为社会主义城市只存在级差收益，不存在级差地租的观点，陈征认为，中国城市土地长期实行无偿使用政策，致使级差地租为使用者占有，土地所有权形同虚设，不能利用级差地租规律调节城市土地经济关系，使土地资源不能合理利用，效益低下，各单位争占土地，多占少用，占而不用，产生严重浪费，造成企业之间的不平等竞争。陈征指出，从经济和社会等方面看，形成社会主义城市级差地租的条件是客观存在着的，必须利用级差地租规律来调节城市土地使用问题。城市级差地租的形式和特点与农业不同，农业级差地租Ⅰ包含在土地产品中，土地的自然肥力起着决定性作用；城市土地只作为建筑物载体，土地位置起着决定性作用，因土地位置不同而产生的运输费用不同和资本流转次数不同而取得的超额利润的一部分，转化为城市级差地租Ⅰ。他反对有些人否定城市级差地租Ⅱ存在的观点，联系城市特点进行了科学的说明。他认为，对城市土地追加投资，从微观上看，在地面上进行高层建筑可以提高土地建筑物的容积率，从宏观上看，追加投资实现城市土地的载体功能，都可因此取得级差地租Ⅱ。土地资本在级差地租Ⅱ的形成中起决定性作用。陈征对于城市级差地租Ⅱ的说明，深刻揭示了城市土地利用的特点和作用，赋予其新的内容和新的含义，对于认识和利用城市级差地租规律，制定有关政策，都有重要的理论意义和现实意义。此外，他在对城市级差地租进行质的分析的基础上又进行了量的分析，指出城市级差地租最高限应低于使用城市土地最好企业实际获得的超额利润那一部分的级差收益量，其最低限应高于城市绝对地租量，从而分析了级差地租量的运动规律。至于级差地租量的计算，从理论上说，关键在于确定级差地租率。如已知级差地租率，以各个等级不同土地的投资量乘以级差地租率，即可得出该地段的级差地租量。马克思在《资本论》中虽曾提出级差地租率这一概念，可惜未作具体解释。陈征认为，级差地租率等于级差地租量和投资量的比率，或者说是该地段由土地级差带来的超额利润和该地段预付资本的比率。这就为计算级差地租量奠定了必要的理论基础。

(4) 对社会主义城市垄断地租的探索。针对有些人否定城市垄断地租存在的观点，陈征认为，产生城市绝对地租和级差地租的一般社会经济条件，也适用于城市垄断地租。社会主义城市垄断地租是客观存在的，但和农业垄断地租相比有其不同的特点。农业垄断地租由特殊土地条件生产特殊产品形成垄断价格而产生，城市垄断地租则是由在特殊地段的建筑物上经营取得特别高的超额利润转化而来；农业垄断地租包含在特殊农产品的垄断价格中，城市垄断地租既可包含在特殊地段建筑物的垄断价格中，也可包含于在该地段上的经营中，虽然这些企业的商品仍以一般市场价格出卖，但可取得特别高的超额利润；农业垄断地租通过农产品表现出来是一目了然的，在城市，由于是在特殊土地上建造房屋，地价与房价、地租与房租结合在一起，城市垄断地租往往包含在高额房价或高额房租中。可见，城市垄断地租是在城市中特别好的地段上经营带来特别高的超额利润、产生特别高的经济效益的结果。至于城市垄断地租量，则是以在这块土地建筑物上经营所取得的特别高的超额利润为前提，由土地使用者的需要和实际支付能力来决定。这在表面上表现为土地使用者的主观意志，客观上却是由使用该土地取得多少特高的超额利润所制约。它不是一个固定的量，但也是有一定限度的量。上述对城市垄断地租的实质及其量的运动规律的揭示，为城市黄金地段高额房价和高额房租提供了理论依据。

(5) 对城市土地价格和地产市场特点的分析。陈征在研究城市地租的基础上又进一步分析了土地价格。他提出，城市土地价格具有两重性：作为自然物质的土地，其价格并非由价值决定，而是地租资本化的结果，这就形成土地资源价格；由于对土地进行投资，又形成土地资本价格。这两部分价格之和，便形成城市地产市场的土地价格。地价之所以包含这两方面，乃是由地产作为土地物质和土地资本的综合体所决定的；而地产的这两方面，又是由土地既作为自然物质又凝结了人类社会劳动这两方面所决定的。只有认识城市土地的两重特殊性质，才能认识地产的特殊性质，也才能理解地价的两重特殊性质。陈征进一步指出，中国当前城市地产市场的主要特点是：①不对土地进行所有权买卖，只进行有期限的土地使用权转让；②土地批租市场必须由国家垄断；③城市地价具有特殊的两重性；④土地使用权的出让及使用必须按规划进行；⑤城市地产市场收益分配的复杂性；⑥房产和地产相结合，房产应服从于地产。揭示这些特点，有利于促进城市地产市场的完善、巩固和发展。

由此可见，陈征所提出的有关社会主义城市地租理论的一系列观点，不仅为完善社会主义市场体系提供了理论依据，而且也为马克思的地租理论增加了具体而又实际的新内容。

（三）关于《资本论》与社会主义市场经济的理论探索

陈征认为，研究社会主义市场经济，必须从学习《资本论》开始，只有以《资本论》中的基本原理为指导，才能深入理解市场经济的有关问题。他先后发表了《〈资本论〉与市场经济》《〈资本论〉与社会主义市场经济》等一系列文章，对如何运用《资本论》的基本原理来研究社会主义市场经济作了潜心探索，提出不少独到见解。

1.《资本论》为研究市场经济的一般特征和市场经济运行机制提供了理论基础。

陈征认为，在《资本论》中马克思虽然没有使用过市场经济这个词，但实际上却研究了自由资本主义时期市场经济的一般原理，分析了资本主义市场经济的运行机制和市场经济的规律体系。作为市场经济，只是经济运行的体现和资源配置的手段，本身不具有社会性质。所谓资本主义市场经济或社会主义市场经济，指的是资本主义条件下的市场经济或社会主义条件下的市场经济。因此，以研究自由资本主义时期自由市场经济为特征的《资本论》中的基本原理，如果舍象掉资本主义的特质，就可发现其中包含着市场经济的一般原理。这些一般原理，既适用于资本主义市场经济，也适用于社会主义市场经济。可见，市场经济既具有一般性，又具有特殊性。研究市场经济的一般性特征，马克思是从对商品一般原理的分析出发的。马克思指出：(1) 进入市场交换的主体是企业，企业所以能成为市场主体，是以商品的所有权理论为基础的，由于企业是商品的所有者，可以生产、占有、出卖或购买商品，企业充当市场上商品买卖的主要角色，实现商品形态的转换。(2) 在市场上，商品能否卖出，价值能否实现，是个关键问题，生产者为了把商品及时卖出去，必然发生企业之间的竞争，没有竞争也就形成不了市场，马克思深刻分析了市场经济中竞争机制的实际内容和重要作用。(3) 在市场上，价值规律的表现形式，是通过供求、竞争、价格波动而表现出来的，由于供求变动，价格围绕价值上下波动，调节着社会生产，调节着社会经济资源的合理配置，促进企业采用先进技术，不断提高劳动生产率，形成推动经济不断发展的动力机制，这种市场调节是市场经济的主要内容。(4) 市场经济要求全国有统一的市场，这就必须有统一的市场体系，《资本论》不仅研究了商品市场，也研究了资本市场、劳动力市场、土地市场等生产要素市场。(5) 市场经济的运行需要有一定的法律、法规管理和保证，

《资本论》中联系英国经济史，对劳动法、工资法、工作日法、货币法等进行了一系列分析，证明法制管理在市场经济形成中的重要作用。总之，《资本论》从商品的一般原理分析出发，揭示了市场经济的一般性特征，这就是：企业主体，平等竞争，通过供求和价格变动实现市场调节，市场体系，法制管理。任何一个国家和社会，要搞市场经济，都不能离开这些有关商品经济的一般原理，都要具备上述市场经济的一般性特征。

2.《资本论》为研究市场体系提供了理论根据。

陈征认为：(1)《资本论》中关于资本商品的理论，是建立资本市场的理论基础。这是因为，在流通中的商品资本仅仅起商品的作用，货币资本仅仅起货币的作用，货币一旦作为生息资本，就不是作为单纯的商品或货币，而是作为资本商品。这种独特性质的资本商品，在使用中能带来利润，职能资本家贷入资本商品，就是为了取得这种特殊价值的使用权，这就产生了资本的所有权和使用权的分离，产生了借贷关系，产生了资本市场、金融市场（包括证券市场、股票市场、债券市场等等）。可见，把资本作为资本商品来经营，是资本市场的理论基础。(2)《资本论》关于劳动力商品的理论，是建立劳动力市场的理论基础。与古典学派不同，马克思发现了劳动力和劳动的区别，资本家在市场上购买的是劳动力而不是劳动，劳动力是商品而劳动不是商品。劳动力市场主要是对劳动力进行买和卖，因而劳动力价值和价格的理论，也就成为劳动力市场的理论基础。(3)《资本论》中关于土地商品化和地租、地价的理论，是建立房地产市场的理论基础。在商品经济高度发达的社会里，土地商品化，可以作为商品自由买卖；在土地上建筑房屋，房产与地产也可以进入市场，即房地产市场。商品化的土地必须具有价格，但土地价格不是土地价值的货币表现，而是资本化的地租。因此，地租理论、地价理论、土地商品化理论，是建立房地产市场的理论基础。

3.《资本论》中揭示的商品运动规律，既是商品经济运动的规律，也是市场经济运动的规律。

陈征认为，(1)价值规律是商品经济的基本经济规律，也是市场经济的基本经济规律，它决定着商品生产和交换的主要方面和主要过程，也决定着市场经济运行的主要方面和主要过程。(2)供求规律也是商品经济的客观经济规律，反映着供给与需求这两个总量对立统一运动的趋势，表示商品的市场供给同有支付能力的需求之间的内在联系和趋于平衡的客观必然性。但供求规律只有通过市场才能表现，所以它也是市场经济运行的重要规律。(3) 有商品交换就必然有竞争，竞争规律也是商品经济的规律。但竞争必须和供求、价格、价值规律的作用紧密结合在一起，表现着对市场经济的调节作用。市场调节反映了价值规律发生作用的客观要求，也反映了供求规律、竞争规律，以及价格规律、劳动生产率不断提高规律、按比例发展规律等经济规律的客观要求。这一系列经济规律，共同组成为经济规律体系，它们互相作用，互相联系，互相影响，共同围绕着商品的生产和流通，围绕着市场经济的运行，不断发生作用。因此，《资本论》中所揭示的商品生产和交换的规律，完全适用于市场经济，也可以说是市场经济的规律。研究这些规律的内容、作用、表现形式、运动过程，是研究市场经济的极其重要的内容。由此可见，《资本论》为研究市场经济提供了必要的理论基础和有关经济规律的基本知识，研究社会主义市场经济，就必须以《资本论》为指导。

4. 运用《资本论》来研究社会主义市场经济，必须从中国的实际出发，研究新情况，解决新问题。

陈征认为，尽管《资本论》中关于市场运行机制、市场体系、市场经济规律等理论，对研究社会主义市场经济仍有一定的指导意义，但不能把《资本论》生搬硬套，教条式地运用。而是要从中国的实际出发，研究新情况，总结新经验，解决新问题。对此，陈征提出了在运用《资本论》研究社会主义市场经济时必须注意以下几个问题。

(1) 要吸取《资本论》出版 100 余年来世界上所有经济理论中有价值的东西。马克思就是在对古典学派批判地继承的基础上创建了马克思主义政治经济学。理论要在互相研究、互相借鉴、互相吸收中才能发展。现代资产阶级政治经济学虽然反映的是资产阶级意识形态，但也有管理社会化大生产、组织市场经济的新经验，只要是有用的、合理的、有价值的理论都可以吸收，用以创建新的社会主义市场经济理论。(2) 要充分注意现代科学技术在经济发展中的作用。马克思是在概括当时科技发展最新成果的基础上写作《资本论》的。近百年来特别是二战以后，现代科学技术飞速发展，有力地促进了经济的发展和生产力的提高。当今世界的竞争主要表现为经济竞争。归根结底，是科学技术的竞争，谁掌握现代科技，谁就站在经济发展的前沿。运用《资本论》研究社会主义市场经济，就要像马克思写作《资本论》那样，善于把现代科技对经济的作用总结概括到理论高度上来。(3) 要从中国的实际出发，着重研究我国现实经济生活中的问题。马克思以英国为典型写作《资本论》，就是从英国的经济实际出发。我们研究社会主义市场经济的立足点，必须建立在总结有中国特色的社会主义经济建设实践的丰富经验的基础上，创建有中国特色的社会主义市场经济新理论，才能使马克思的经济理论在新的历史条件下进一步向前推进和发展。陈征对于运用《资本论》研究社会主义市场经济的上述观点，既是他对本身研究工作的经验总结，也是《资本论》的科学方法在当代经济研究中的具体运用，对人们有一定的启发作用。

（四）严谨切实的治学精神

1. 坚持运用马克思主义经济学的方法。

陈征认为，《资本论》中所反映的马克思主义经济学方法主要是：以唯物辩证法为基础的科学抽象法、定性分析与定量分析相结合的方法、规范分析与实证结合的方法，以及历史与逻辑相结合的方法等等。现在有些政治经济学教材只注意定性分析而不注意定量分析，有人把它称为“本质经济学”或“经济范畴学”。但陈征指出，这种缺点并非来自于《资本论》，恰恰相反，是未能真正理解《资本论》的方法论的结果。他列举了大量的内容说明，在《资本论》中，既有由质到量又有由量到质；既揭示了资本主义经济的本质，又分析说明了光怪陆离的资本主义经济的各种现象，这正是《资本论》方法论的特色，也就是活生生的唯物辩证法。然而，由于我们认识不够，研究不深，才出现只重定性分析，忽视定量分析的现象，这正是对《资本论》研究不够所致。在陈征的经济学论著中，可以清晰地看到他坚持运用这些科学的方法。如对城市绝对地租的研究，他既注意分析其质的规定性，又注意分析其量的运动规律，因而逻辑严密，分析全面具体，切合现实，说服力强，从而形成自己的治学特色。

2. 坚持理论研究的系统性与连续性。

对于那种不作深入研究，只追求文章数量，不重内容质量的轻率浮躁学风，陈征是不赞同的。他认为，要保证研究质量，必须在系统连续的专题研究上下功夫。这就要研究专题所涉及的全部内容，弄清楚专题的来龙去脉，掌握专题研究的各种不同观点，广泛收集国内外对专题的有关资料，进行系统性的研究。我们几乎看不到他对某一专题的研究是以一两篇论文终结的，对于某一专题没有进行较全面、较长期的研究就轻下断言的现象在陈征的论著中也是看不到的。例如，对转化理论的研究，他在广泛收集国内外有关资料进行分析的基础上，先后发表了《从剩余价值到利润的转化》《利润转化为平均利润、价值转化为生产价格》《利润的一部分转化为商业利润、生产价格进一步转化为商业价格》《平均利润转化为利息和企业主收入》《超额利润转化为地租》等多篇文章。这些论文的具体内容各不相同，每篇都有新意，但以转化理论贯穿其中，分则独立成篇，合则系列之为章，从而对转化理论有较系统而深入的理解。

3. 从实际出发，坚持真理，勇于创新。

这是陈征治学的又一特色。陈征认为，马克思以英国作为研究资本主义的典型，是从当时英国的实际出发。现在我们研究社会主义经济，就要立足于社会主义的新中国，从中国的实际出发。《资本论》只有和中国实际相结合，才能产生巨大的理论威力。如果离开中国实际孤立地研究《资本论》，那就真正是学究式的教条主义。运用《资本论》的立场、观点和方法，研究现实问题，关键在于实事求是，不能见风转舵，人云亦云，或赶浪头、作风派，这样才能坚持真理，勇于创新。例如，早在20世纪50年代人民公社化高潮中，他就及时而大胆地提出了生产关系走在了生产力前面的观点，并指出这是违背生产关系与生产力的客观经济规律的。当时他虽受到所谓“右倾”的非难，但后来的实践证明了陈征上述观点的正确性，表现了一个学者的可贵品德。又如在70年代，当时马克思主义政治经济学被搞得混乱不堪，说什么“按劳分配是资产阶级法权”，“商品生产会产生资本主义”等等。陈征及时写文批评，并编写出版了《批判“四人帮”篡改马克思政治经济学的反动谬论》一书，明确提出商品生产是人类社会发展到一定历史阶段的经济现象，是资本主义社会和社会主义社会共有的经济范畴；按劳分配则是社会主义的分配原则，不是资本主义经济范畴。这种观点在今天已是普通常识，但在当时学术界还未充分肯定社会主义还存在商品经济的情况下，上述观点实属难能可贵，在当时也不多见。又如他在1979年4月福州市召开的社会主义价值规律作用讨论会上的总结发言中，在谈到如何利用社会主义市场时，他建议“可以采取计划经济和市场经济相结合的办法，让一部分企业在国家计划指导下根据市场供求来安排生产和流通”，“必须把市场经济和物质利益原则正确地结合起来”。这是他当时对企业经营责任制和经济效益深入调查的结果，这种建议，在当时来说确实是大胆的创新。改革开放的实践，也证明上述观点是符合客观经济发展的要求的。正是由于他从中国经济的实际出发，以马克思主义经济理论为指导分析研究，所以敢于坚持真理，勇于创新，及时批评错误观点，在实践中维护马克思主义的纯洁性。

陈征在他的力著《〈资本论〉解说》后记中所写的《金缕曲》中曾这样说：“学海书山勤撷取”“但愿得环球春早”，一句道破研究《资本论》的最终目的，这是多么明确的马克思主义的伟大理想和信念啊！他又说“补天顽石原草草”，在他眼里，相对于博大精深的《资本论》，自己的理论研究不过是“草草顽石”而已。正是他以这种谦虚、严谨的治学态度，在经济学园地里50余年来耕耘不息，著述等身，真正实践了他所书写的座右铭：“究天人之际，通古今之变，察中外之理，成一家之言。”①

---

① 汉代司马迁《报任少卿书》中说，“究天人之际，通古今之变，成一家之言”。陈征增加了“察中外之理”一句，作为座右铭。

再 版 后 记

马克思在《资本论》中着重研究资本主义农业地租，对城市地租很少涉及，留下了理论空白。中国长期实行土地无偿使用制度，这就从理论上否定了地租的存在，对此几乎无人问津。党的十一届三中全会确立了改革开放的路线，特别是党的十四大确立了社会主义市场经济体制的目标模式，随着城市房地产市场的建立与发展，需要对城市土地市场、土地价格提供理论基础。地价是地租的资本化，研究社会主义城市地租就成为理论上和实践中的迫切需要。数年间，我以马克思主义为指导，研究中国社会主义建设实践中的有关新情况、新问题，写出系列文章，陆续在《中国社会科学》《经济学家》《当代经济研究》等刊物上发表，在此基础上，编成《社会主义城市地租研究》（山东人民出版社 1996 年版）一书，抛砖引玉，希望引起人们对此课题的重视。本书于 1998 年获全国普通高等学校第二届人文社会科学研究成果二等奖，福建省第三届社会科学优秀成果一等奖。

本书之所以能够顺利出版，我要感谢吴宣恭教授、傅军胜教授、李建平教授、郭铁民教授，没有他们多方面的帮助和支持，本书的出版是难以想象的。朱香林同志不仅为我承担了全部家务劳动，使我赢得了时间，而且还帮助收集资料，数十年如一日，默默无闻地做了大量工作，也不能忘记她的一份功劳。

斗转星移，暑往寒来，本书初版至今已逾 20 个年头了，马克思主义在中国广泛传播和发展，中国经济总量已跃居世界第二。为了推进马克思主义的学习、传播、运用和发展，福建人民出版社决定出版《资本论》研究丛书，并将本书作为丛书之一种再版发行。我今年已九十，老病缠身，只能勉力稍加修订，并请孙晓军同志帮助查找修改有关引文出处等具体工作。错误之处，敬请有关专家、读者批评指正。

陈　征

2017 年 1 月 19 日于资红书屋